»Die Radieschen-Maus im Käseloch«

DuMont's

phantasievoller Ratgeber
für vergnügte Köche

*Die Kleidung der Obsthändlerin. Stich aus: Nicolas de Larmessin, »Les Costumes Grotesques et les Metiers«. Paris, Ende 17. Jahrhundert*

Michael Schuyt / Joost Elffers

# »Die Radieschen-Maus im Käseloch«

# DuMont's phantasievoller Ratgeber für vergnügte Köche

Einführung von Michael Schuyt
Anleitungen von Sally Foy

DuMont Buchverlag Köln

**Abbildungsnachweis**
C.E.D.U.S./Christian Gibier, Paris S. 11 r., 16, 17, 18
DPA, Düsseldorf S. 24
DuMont Buchverlag, Köln S. 19
Gruner und Jahr Bildarchiv, Hamburg S. 13, 14 r.
Fotoarchiv Cas Oorthuys, Amsterdam S. 14 l.
Michiel, Gent S. 23 r.
Museum Moderner Kunst, Wien S. 21
Sammlung Nellens, Knokke-le-Zoute S. 22
Time-Life-Picture Service, New York S. 15
Die Abbildungen auf S. 8, 10 und 11 mit freundlicher Genehmigung von Daniel Spoerri

Alle übrigen Aufnahmen stammen von den Herausgebern

Anleitung zum Serviettenfalten auf S. 126 nach einem Text von Bab Westerveld

**Danksagung**
Wir möchten folgenden Personen und Institutionen für ihre Mithilfe beim Zustandekommen dieses Buches danken: Alexandra, Jeanni Baddington/Baddington Restaurants, Café Bern, Familie Beuke, Jojo und Bruno Bischofsberger, C. E. D. U. S., Laura Condominas, Johannes van Dam, Tini Duchamp, Mien Elffers, Christian Gibié, Familie de Groot, Helmuth, Lida, Ricardo Menon, Jacky Monnier, Pierre Restany, Dorothée Selz, Daniel Spoerri und Marie-Louise, Niki de Saint-Phalle, Familie Stein, Rico Weber, Karin Yzermans; unser besonderer Dank gilt Japan Airlines.

CIP-Kurztitelaufnahme der Deutschen Bibliothek

**Schuyt, Michael:**
DuMont's phantasievoller Ratgeber für vergnügte
Köche / Michael Schuyt; Joost Elffers. Mit
Anleitungen von Sally Foy. [Aus d. Engl. von
Anke Kreutzer]. – Köln : DuMont, 1982
Einheitssacht.: Food comes alive
ISBN 3-7701-1286-5
NE: Elffers, Joost:

Aus dem Englischen von Anke Kreutzer

Satz und Druck: Rasch, Bramsche
Reproduktionen: ORZ, Offset-Repro-Zentrum, Düsseldorf
Buchbinderische Verarbeitung: Hunke & Schröder, Iserlohn

Printed in Germany ISBN 3–7701–1286–5

# Inhalt

* T. = Tafel, Ft. = Farbtafel im Abbildungsteil

# Vorwort

Speisen wirkungsvoll anzurichten, ist eine Kunst, die seit Jahrhunderten gepflegt wird, da ein gut zubereitetes Essen nicht nur den Gaumen, sondern auch das Auge erfreuen sollte.

In diesem Buch finden Sie eine Sammlung der schönsten und faszinierendsten Beispiele von Dekorationen mit Lebensmitteln, dazu die Anleitungen zum Nachmachen. Für die meisten Objekte brauchen Sie nur ein gutes, scharfes Messer; andere Werkzeuge, die Sie möglicherweise benötigen, sind auf S. 89 aufgeführt. Alle Beispiele in diesem Buch sind eßbar, und Sie werden über die Vielfalt der Ideen erstaunt sein. Mit wenigen einfachen Schnitten können Sie ein paar Radieschen in einen Blumenstrauß verwandeln, eine Zwiebel in eine Lotosblüte, eine Zitrone in ein Schweinchen. Und Ihre Kinder werden begeistert sein, wenn sie eine kleine Eisenbahn, ein Schiff oder ihren eigenen Namen aufessen dürfen.

Die Idee zu diesem Buch kam mir in Japan, wo es mir große Freude machte, die Küchenchefs in den Restaurants dabei zu beobachten, wie sie Gurken, Karotten und Äpfel in Blumen und Skulpturen verwandelten oder aus einer Karotte und einem grünen Blatt ein bezauberndes Stilleben gestalteten. Einen weiteren Impuls erhielt ich in Mexiko-City. Indianerfrauen verkauften Mangos in den Straßen, die sie mit Hilfe eines Messers in phantastische, eßbare Blumen verwandelten.

Daraufhin begann ich, alle Formen eßbarer Dekorationen zu sammeln, die ich nur finden konnte. Bei meiner Suche wurden mir viele Geschichten erzählt, zwei davon fand ich besonders ausgefallen:

Der berühmte Guru Sri Aurobindo ging eines Tages zu einem Festmahl, das zu seinen Ehren veranstaltet wurde. Als er den Speisesaal betrat und all die Köstlichkeiten erblickte, die eigens für ihn zubereitet worden waren, fiel er vor Schreck fast in Ohnmacht. Mit bleichem Gesicht fragte er sich, ob seine Anhänger ihre Religion aufgegeben hätten, da sich vor seinen Augen Platten mit Lamm-Koteletts, einem Schwein, Enten und Fischen ausbreiteten. Der Gastgeber beeilte sich, dem schwankenden Meister zu erklären, daß alles aus vegetarischen Zutaten zubereitet war. Noch immer ungläubig, berührte dieser vorsichtig das Schwein und stellte fest, daß es aus Kartoffelpürree bestand. Mit einem Kichern genoß der Meister sein Diner.

Die zweite, recht wunderliche Geschichte stammt aus Neuguinea: Ein Augenzeuge berichtete, daß eine Gruppe von Kannibalen bei einer Mahlzeit einen Missionar als Hauptgang servierte – und man höre und staune: der arme Mann war mit einem eßbaren Kreuz garniert. Die Kannibalen glaubten, daß sie die heiligen Kräfte erlangen würden, von denen der Missionar ihnen erzählt hatte, wenn sie das Kreuz verspeisten.

*Baumkuchen mit Mechanik zum Thema Zeit und Vergänglichkeit. Abbildungs- und Textseite aus: »Hauß- und Feldschule, zweyther Theil«. Frankfurt und Leipzig, 1771*

Class. XXI. Vom Schau-Essen. 1535

3.

**Ein Schau-Essen / da die Zeit und Vergänglichkeit des Menschlichen Lebens vorgebildet wird.**

Fig. h.

Auf einem Berg stehet ein Bild / in Gestalt eines alten Mannes / hat auf beyden Schultern Flügel / so sich bewegen / können mit Dräthen angehänget werden / damit sie in Bewegung des Bildes hübsch schwancken.

Der alte Mann hat Hirsch-Füsse / so zugleich die Geschwindigkeit derselben / als die Flügel / cc. der lauffenden und schnellen Zeit andeutet.

Das Bild bewegt sich mit der Sensen / mit selbiger die sterbliche Menschen als das Graß auf dem Feld abzumähen / hin und wieder / wie die Unruhe auf dem Kopff.

Unten am Berg sitzt ein Kind / und bewegt nach und nach den lincken Arm mit dem Röhrlein zu dem Mund / und bläset ein Wasser-Bläßlein auf / duncket alsdann wieder in das vorhaltende Schälein / (darinn Wasser mit Seiffen vermischt) und bläset dann abermahlen / uns unserer Sterblichkeit zu erinnern / hat neben sich liegen einen Zettel / darauf stehet geschrieben: MEMENTO MORI.

Auf dem einen Gipffel des Bergs / stehet eine Säule / darauf: Solum Verbum Domini manet in æternum.

**Die Machina dieses Schau-Essens / weiset die**

Fig. g.

Die Bewegung des Arms ist hieroben in der Figur zur Nachricht angezeiget / worbey denn auch das hintere Rad mit denen Zapffen a b c d zu sehen.

Auf A. stehet der alte Mann oder Tempus, die Zeit / und bewegt sich wie die Unruhe

2. Ist ein Hanen / daß wann man das Schau-Essen aufträgt / nicht also balden anfängt zu operiren / sondern wann es Zeit / so mag der Fürschneider das an dem Berg fürgehende Näßlein A. der ersten Figur h. ein wenig umtreiben (daran der Hanenreiber B. angemacht) so laufft das Wasser in den Kasten C. (der ohne das zuvor voll biß in D. und erfüllet ihn biß in E. fället alsdann unter sich durch E. F. in den untern Kasten G. (der voller Lufft ist) aus diesem gehet der Lufft durch das Röhrlein H. I. in des Kindleins Mund / und bläffet das Bläßlein auf.

Hhh hhh hhh 3 Nota:

# Tischdekorationen gestern und heute

Ich möchte mit der Geschichte der Tischdekoration in Japan beginnen, wo die Kunst des Gemüseschnitzens bereits seit Jahrhunderten gepflegt wird. Die Raffinesse und der hochkultivierte Geschmackssinn in der japanischen Küche in Verbindung mit der Kunst des Gemüsearrangements, die man *Mukimono* nennt, begann in alter Zeit, als man Speisen auf glasierten Tonschalen servierte. Das Gefäß wurde mit einem Blatt ausgelegt, auf dem die Köche die Speisen garnierten. Bald wurden diese Blätter auf immer phantasievollere Art arrangiert. Aber erst im 18. Jahrhundert, in der Tokugawa-Ära, entwickelte sich Mukimono zu einem allgemeinen Brauch. Als Edo (Tokio) die neue Hauptstadt wurde, gelangte Mukimono zu offizieller Anerkennung und wurde zu einer solchen Mode, daß Künstler auf der Straße Gemüsedekorationen für ihre Kunden fertigten. Mukimono ist heute zusammen mit *Kaishiki*, der Kunst (nur in der Küche) mit Messern umzugehen, zu einem sehr wichtigen Bestandteil in der Ausbildung japanischer Köche geworden.

In Europa begann man im Mittelalter damit, den Tisch mit Zuckerskulpturen zu dekorieren. Die Idee kam aus Venedig, wo man Kunstwerke aus Zucker in der gleichen Technik herstellte, die auch von den venezianischen Glasmalern angewandt wurde. Es ist überliefert, daß eine Delegation aus Florenz von den Venezianern mit einem Festmahl empfangen wurde, bei dem alles aus Zucker bestand – Teller und Gläser inbegriffen. Die Florentiner fanden dies allerdings sehr vulgär. Oft wurden bekannte Künstler angeworben, um Skulpturen in Zucker nachzubilden. So nahm zum Beispiel 1653 die Königin Christina von Schweden den römischen Künstler Fedele in ihre Dienste. Auch Plastiken von Bernini wurden häufig in Zucker nachgearbeitet. Diese Skulpturen – *trionfi* genannt – wurden während der Mahlzeit herausgebracht und zum Dessert mit Früchten und Spezereien garniert wieder hineingetragen. Man erzählt, daß auch ein Papst sich dieser Mode anschloß und bei einem großen Bankett am Gründonnerstag den Kreuzweg in Zucker gestalten ließ.

*Buchumschlag zu »Le Patissier Pittoresque« von Antonin Carême. Paris, 1828*

*Vorschläge zur Gestaltung von Torten aus »La cuisine classique« von Dubois und Bernard. Paris*

*Russische Eremitage. Patisserie-Skulptur aus »Le Patissier Pittoresque«*

In Deutschland wurden diese Zuckerfiguren zu einem großen Erfolg. Die Franzosen stellten unter dem Einfluß der Italiener nur symmetrische Figuren und Pyramiden her. Erst im 18. Jahrhundert fand man mehr Phantasie in ihrer Dekorationskunst, sie begannen, Zuckerfelsen mit Bäumen, Blumen, Tieren und Vögeln zu gestalten.

Im 18. Jahrhundert kam eine neue Mode auf, die man französisch *sablé* nannte. Dieser Dekor wurde aus farbigem Zucker hergestellt, der auf einer Grundfläche aus Glas oder weißem Zucker die Arabesken von Phantasiegärten nachbildete. Mit dem Aufstieg des Bürgertums im 19. Jahrhundert entstanden architektonische Dessertgebilde wie kleine Schlösser, Tempel, Ruinen und Springbrunnen, eine Mode, die von Antonin Carême in Paris eingeleitet wurde. Nachdem das Buch von Carême erschienen war, veröffentlichten auch Gouffé, Bailleux und Lacain ihre Dessert-Rezepte; sie waren Meister in der Gestaltung mit technischem Raffinement. In dem 1874 erschienenen Buch »La Cuisine Classique« von Dubios und Bernard findet sich ein Kapitel mit Stichen der ausgefallensten Desserts. Es gibt auch einen Almanach der Bäcker- und Konditoreikunst, der Kreationen mit so phantastischen Namen enthält wie: Sapho, Kleopatra, Fallstaff, der Jesuit, der Kardinal, Furz einer Nonne, der kleine Teufel.

Eine andere Form der Tischdekoration ist das Falten von Servietten zu den schönsten Gebilden wie Schwäne, Vögel, Pfaue, Schuhe, Hüte, Blumen oder Häuser. Papst Gregor VIII. ließ bei einem Bankett für zwanzig Kardinäle und drei Botschafter, den Tisch mit einem prächtigen Schloß aus Servietten dekorieren. 1665 veröffentlichte Georg Phillipp Harsdorfer (Nürnberg) ein Buch mit dem Titel »Vollständiges vermehrtes Trincir-Buch«, in dem viele Möglichkeiten für Dekorationen mit gefalteten Servietten und mit Früchten vorgeführt werden. Serviettenfalten war bis in die fünfziger Jahre sehr beliebt, heute fehlt meist die Zeit dazu.

Aus Frankreich kam auch die Kunst der Eisskulptur. Ein geschickter Meister konnte aus einem Block Eis die phantasievollsten Figuren formen. Diese vergänglichen Kunstwerke waren recht kurzlebige Dekorationen; einmal im Speisesaal aufgebaut, schmolzen sie langsam dahin. Die Japaner fanden größten Gefallen an diesen Eisskulpturen, besonders in den fünfziger Jahren erfreuten sie sich großer Popularität. Es gab in Japan regelrechte Meister der Eisskulptur, wie zum Beispiel Akiyama, der zu den bekanntesten Eisbildhauern zählt.

Überall auf der Welt findet man Geschäfte, die sich auf die Dekoration mit Lebensmitteln spezialisiert haben. Neben Kuchen ist Brot als Material besonders beliebt. Einen der schönsten Brotläden findet man in Paris auf dem Boulevard Haussman: René Gérard St. Quen, wo man Brot in vielen verschiedenen Formen kaufen kann, von Tieren und Pflanzen bis zu einem Mann auf einem Fahrrad. In New York gibt es einen ›erotischen‹ Bäcker, bei dem eßbare erotische Phantasien in Pies, Bonbons, Schokolade und Keksen Gestalt annehmen.

Eine Spielart der Tischdekoration, die an die Episode mit Sri Aurobindo erinnert, fand ich in Malaysia: Einige vegetarische Restaurants haben sich darauf spezialisiert, ihre Mahlzeiten in Form von Enten, Fischen und anderen Tieren auf den Tisch zu bringen.

*Schaufenster der Bäckerei René Gerard in Paris*

# Feste und Rituale

Phantasievoll gestaltete Speisen und dekorierte Nahrungsmittel wurden von jeher für Feste und Rituale verwandt. In vielen Gegenden feiert man am 31. Oktober Halloween, ein Fest, das sich aus den Riten der Druiden herleitet: An diesem Tag rief der Herr des Todes die Seelen jener Gottlosen zusammen, die während des vergangenen Jahres gestorben waren. In einigen Teilen der Welt ist es Sitte, daß die Kinder mit einem ausgehöhlten Kürbis durch die Straßen ziehen, der – mit Löchern für Augen und Mund versehen und einer brennenden Kerze im Inneren – als Kopf eines Gespenstes durch die Nacht geistert. In Deutschland und Holland kennt man diese Sitte am Sankt-Martins-Tag im November. Im Dezember bewundern die Kinder in Deutschland Knusperhäuschen aus Lebkuchen und vielerlei Konfekt. In Appenzell in der Schweiz macht man aus Äpfeln und Lebkuchen einen Christbaumturm, auf den mit farbigem Zucker Tiere, Bauernhäuser, Menschen und vertraute Gegenstände aufgemalt werden.

Ein weitverbreiteter Brauch ist das Bemalen und Verzieren von Ostereiern, hier werden teilweise wahre Meisterwerke hervorgebracht. Das Ei ist als Symbol für das Geheimnis der Schöpfung in allen alten Kulturen zu finden: bei den Ägyptern, den Chinesen und bei den Persern, die möglicher-

Ostersonntag in Holland

Ostereier, auf die vor dem Färben Blätter und Blüten aufgeklebt wurden

weise die ersten waren, die im Frühjahr rotbemalte Eier austauschten und diesen Brauch auch noch heute pflegen. Gefärbte Hühnereier sind auch durch Funde in Griechenland (2000–500 v. Chr.) belegt. Die frühe Christenheit übernahm den heidnischen Brauch und gab ihm eine neue Bedeutung: als Symbol der Auferstehung. Einfarbige Gänseeier wurden als Grabbeigaben in einem römisch-germanischen Gräberfeld bei Worms aus dem 4. Jahrhundert nach Christus gefunden, bemalte Hühnereier in den Awarengräbern von Wien-Simmering aus dem 7.–9. Jahrhundert. Die Sitte, Ostereier zu dekorieren und zu verschenken, verbreitete sich in ganz Europa. In der Ukraine galten zum Beispiel fröhlich dekorierte Eier mit geometrischen Mustern als magisch. Sie wurden auf das Dach des Hauses geworfen, ins Herdfeuer oder in Ackerfurchen, um das Böse fernzuhalten. In Holland spazieren am Ostersonntag die Kinder mit Stöcken einher, auf denen ein Huhn oder ein Schwan, bemalte Eier, Früchte und Blätter prangen. In christlichen Ländern läßt man mancherorts auch heute noch die bemalten Eier in der Kirche segnen.

Auf der Insel Cheung Chau bei Hongkong feiert man Ende April/Anfang Mai ein Fest zur Besänftigung der ruhelosen Geister. Es wird veranstaltet, um die Seelen aller Tiere, die im vergangenen Jahr starben, damit die Menschen leben konnten, zu versöhnen. Nach einer anderen Überlieferung soll das Fest die ruhelosen Geister der Fischer besänftigen, die von Piraten ermordet wurden. Das Fest dauert vier

*Tsiu-Fest in Cheung Chau, Wettkampf um die Opferkuchen*

Tage, und man lebt während dieser Zeit vegetarisch und fährt nicht zum Fischen hinaus. Es finden Opernaufführungen statt und farbenprächtige Umzüge mit Musikanten, Akrobaten und Clowns. Riesige Pyramiden von Opferkuchen werden den Geistern dargebracht. Die Priester laden mit ihrem Sprechgesang die Geister zu dem *Tsiu-Fest* ein, und dann beginnt der Wettkampf der Jungen, die versuchen, einen Opferkuchen von der 20 m hohen Pyramide zu erwischen. Es sind feste Reiskuchen, die auf einem Bambusgerüst befestigt sind, und es gilt als besonders glückbringend, einen der Kuchen an der Spitze der Pyramide zu bekommen.

In Mexiko begann die Tradition eßbarer Symbole mit den Azteken. Sie formten aus Getreide und Honig die Figuren ihrer Götter, um sie anschließend zu verspeisen. Die Azteken führten auch den Todeskult im zehnten Monat des Jahres ein, den sie *Quecholli* nannten. Die Missionare behielten diese Sitte bei und auch die Spanier, die ebenfalls das Andenken ihrer Toten ehren wollten. So wurde der

*Totenschädel aus Zucker zum Allerseelentag in Mexiko*

2. November ein nationaler Feiertag, und an vielen Straßenecken und in den Schaufenstern sind Berge von Spielzeug und Todessymbole aus Zucker zu sehen: Totenschädel, Figuren und menschliche Gesichter, Löwen, Hühner und andere Tiere, alles aus gekochtem und farbenprächtig verziertem Zucker. Es gibt Spezialisten, die ausschließlich Schädel herstellen. Auf die Stirn schreiben sie den Namen des Verstorbenen. Diese Opfergaben werden sowohl im Hause als auch draußen auf besonders für diesen Zweck errichteten Altären und auf den Gräbern aufgestellt. Manchmal sind sie mit einer Inschrift verziert wie zum Beispiel das zuckersüße Skelett eines Mädchens, auf dem geschrieben stand: »Komm zu mir ins Grab und leiste mir Gesellschaft.«

In Bali sind die als *Banten* bekannten Opfer für die Götter eine seit Jahrhunderten praktizierte Kunst. Alte Frauen, die *Tukang-Banten*, die ein vollkommenes Wissen vom ästhetischen Geschmack der Götter haben, sind die Spezialistinnen für die Herstellung dieser Opfergaben, denn die Wahl der Speisen und ihre Farben sind von höchster Bedeutung. Gefärbter Reis ist ein wichtiger Bestandteil dieser Opfer, denn in alter Zeit hatte Bali keinen Reis, und daher lehrte der Gott Indra die Menschheit den Reisanbau und schickte vier Tauben zu den Menschen, von denen jede Reis in einer Kardinalfarbe brachte. Die Taube aus dem Osten hatte weißen Reis im Schnabel, die Taube aus dem Süden kam über das Meer und brachte roten Reis, die Bergtaube aus dem Norden brachte Naschereien für die Kinder und schwarzen Reis, und die Taube aus dem Westen kam schließlich mit gelbem Reis, der mit einem besonders aromatischen Gewürz bereitet war. Der Reis ist daher in diesen vier Farben Hauptbestandteil der Opfer für die Götter. Neben Reis

*Opfergabe aus Reis, Bali*

*Götterbild aus Reis, Bali*

werden häufig auch Blumen, Früchte, Getreide, Kuchen, Schweinefleisch und Schweinefett sowie gebratene Hühner geopfert, teils in Palmblätter gewickelt und in höchst raffinierten Formen arrangiert.

Zuweilen sieht man eine Prozession von Frauen, die Türme von Opfergaben in den schönsten Mustern auf ihren Köpfen tragen. Es gibt Opfer in Form von aus farbigem Reis hergestellten menschlichen Körpern, die für die schwarze Magie bestimmt sind: gegen Rheumatismus, Schlaflosigkeit, Wahnsinn opfert man Sang Hyang Durgha und Sang Buta Pemali, dem ›Gott des Rheumatismus‹. Der aus Reis geformte Körper soll einen Kopf aus weißem Reis tragen, der Rumpf soll aus Reis in Weiß, Rot, Gelb und Rosa bestehen, Arme und Beine aus gelbem Reis. Schweinefleisch und Hühnerfleisch müssen dazugegeben werden. Hin und wieder formen die Balinesen auch aus Schweinefett ein Menschengesicht oder einen Menschenkörper, ebenfalls für Opfer der schwarzen oder weißen Magie. Neben ihren beschützenden und heilenden Eigenschaften füllen diese Opfer zweifellos die leeren Mägen der Hunde und Katzen auf Bali.

# Künstler und ›Eat Art‹

Immer hat es Künstler gegeben, die Eßwaren für ihre Kunst benutzten. Das berühmteste Beispiel ist das Werk von Guiseppe Arcimboldo, dem italienischen Künstler des 16. Jahrhunderts, der aus Früchten, Gemüse, Tieren und verschiedenen Materialien Porträts komponierte und dadurch weltberühmt wurde. Im 17. Jahrhundert fertigte Nicolas de Larmessin eine Reihe von Radierungen an, die er »Groteske Kostüme und die Berufe« nannte, wobei er die Werkzeuge eines jeden Berufs dazu benutzte, ein Kostüm zu gestalten (s. Frontispiz).

*Giuseppe Arcimboldo, Der Herbst. Öl auf Leinwand, 93 × 140 cm. Pinacoteca di Brescia*

*Daniel Spoerri*

*Richard Lindner*

In unserer Zeit hat eine ganze Reihe von Künstlern echte Eßwaren für ihre künstlerische Arbeit verwandt. Yves Klein servierte auf seiner Ausstellung »Die Leere« bei Iris Clert am 28. April 1958 seinen »Blauen Cocktail« als ein Symbol für die Durchdringung des Universums mit der Farbe Blau.

Am 13. Juli 1961 stellte Raymond Hains beim ersten Festival der Neuen Realisten in Nizza sein *Entremets de la Palisade* vor, das aus *Charlotte Russe*, Himbeeren und Keksen bestand. Es symbolisierte die Freude am Wandel. Die Neuen Realisten mit ihrem Begründer Pierre Restany waren eine bedeutende Kraft in den sechziger Jahren. Sie galten als die Humanisten der zeitgenössischen Soziologie und brachten dieser Spielart der Kunst immer größere Begeisterung entgegen. Zwei dieser Künstler waren besonders empfänglich für die Betrachtung des Realen: Raymond Hains und Daniel Spoerri. Und so eröffnete Daniel Spoerri am 2. März 1963 seine Show »723 Küchengeräte« in der Galerie J. in Paris, bei der er die Galerie in ein Restaurant verwandelte. An die Wand gehängt wurden Objekte aus Materialien, die mit der Kochkunst zu tun hatten, und nach den Öffnungszeiten verwandelte sich die Galerie um acht Uhr abends in ein Restaurant mit Daniel

Spoerri als Küchenchef und Kunstkritikern als Kellnern. Am letzten Tag, dem 14. März, fand die Vernissage der Menü-Bestandteile statt, die sich aus den Resten der Mahlzeiten zusammensetzte, einschließlich der Teller, Gläser usw., die dort, wo man gegessen hatte, an den Tisch festgeleimt waren.

1970 eröffnet Daniel Spoerri in Düsseldorf sein Restaurant und seine Eat Art-Galerie, in die er, der große Meister der Eat Art, andere Künstler einludt, sich mit eigenen Eß-Projekten zu beteiligen. Da war Bernhard Luginbuhl, der eine Skulptur aus Schokolade herstellte. Er sagte dazu: »Ich wollte schon immer eine Skulptur in Eisenguß machen lassen. Schokolade kann man wie Eisen gießen. Schokolade sieht wie Rost aus.« Arman beteiligte sich mit einer Marzipan-Accumulation Hunderter von Frauenbeinen. Und da gab es das Kannibalenessen von Claude und François Lalanne, wo man Gelegenheit hatte, François' Kopf, Fuß oder Ohr zu kosten – Speisen, die in Abgüssen zubereitet worden waren. Josef Beuys war mit einer von der Decke herabhängenden Heringsgräte vertreten. Richard Lindner kam mit einer eßbaren Frau aus neunfarbigem Lebkuchen, die er »Der blaue Busenengel« nannte. Am 29. November 1970 feiert Daniel das Begräbnis der neuen Realisten im Restaurant Biffi in Mailand anläßlich des zehnten Gründungstages der Bewegung.

»L'ultima Cena«, das letzte Abendessen, präsentiert Reproduktionen eines jeden Künstlers, und es wird zum Ausgangspunkt für Eat Art-Editionen mit Kunst aus Süßigkeiten oder Eßwaren von Christo, César, Tinguely, Niki de Saint-Phalle und anderen Künstlern, die nicht wie Richard Lindner und Roy Lichtenstein zur Gruppe gehören. Spoerri ergeht sich dann vollends in kannibalistischem Narzismus, indem er die Künstler einlädt, ihr eigenes Kunstwerk zu essen. Spoerri hatte auch die Idee, ein Museum der Zuckerkunst zu errichten und damit einen Vorschlag Harald Szemans zu realisieren, was sich jedoch leider als unmöglich herausstellte.

*Daniel Spoerri, Hahns Abendmal. 1964*

Zwei weitere Künstler, die sich mit Eat Art beschäftigten, sind Dorothée Selz und Antoni Miralda, die zusammen lebten und arbeiteten. Sie schick-

*Dorothée Selz, Hellzapoppin. 1975. Mit Zuckerguß verziertes Foto*

ten 1967 ihren Freunden einen Weihnachtsgruß, der aus einem eßbaren Jesuskind bestand. Dies war der Anfang eines künstlerischen Abenteuers der eßbaren Kunst, wo sich das Ritual aufs engste mit dem Material verbindet wie etwa Zuckerlandschaften, Kuchengärten, Kuchenhäuser, Erinnerungsfest in Violett, Fest in Weiß und ein Essen in vier Farben bei Givaudan in Paris. 1972 geht jeder von ihnen seine eigenen Wege. Antoni widmet sich der Konzeptionskunst mit farbigen Ritualen. Eines seiner Werke ist eine eßbare Landschaft im Museum of Contemporary Crafts in New York, die er am 7. Dezember 1972 ausstellte. Das Ereignis fand im Dezember statt und stand in Beziehung zu Weihnachten. Das Essen bestand aus Bananen, Brot, Käse, Schokolade, Kokosnüssen, Keksen, Eiern, Nudeln und Reis. Die ›Zutaten‹ wurden zu einer Landschaft zusammengelegt (mit Flüssen, Hügeln, Bergen), und

*Salvador Dali, Retrospektive Frauenbüste. 1933*

*Explosive Torte von Rico Weber*

*Erdnuß-Verkäufer. Um 1890*

*Tee-Verkäufer. Belgien 1981*

ein kleiner Kreis blinkender Christbaumlichter ging in einem Camembert an und aus. Die Museumsgäste waren eingeladen, die Landschaft zu essen. Die gekochten Eßwaren waren unterschiedlich gefärbt, entsprechend den Landschaftsteilen, die sie formten.

Dorothée Selz macht weiterhin Kunst und Architektur aus Zucker. Im Dezember 1977 feierte sie ihre ersten zehn Jahre in Zucker, und ihre Idee war es, die Ausstellung »Sucre d'Art« zu veranstalten, die mit der Unterstützung des C.E.D.U.S. (Französische Zuckerzentrale) im Februar 1978 im Musée des Arts Décoratifs eröffnet wurde. Diese schöne süße Ausstellung zeigte ein breites Spektrum internationaler Volkskunst, traditioneller Gebäckdekorationen, zeitgenössischer Kunst, Eat Art und Ritualkunst, alles aus Zucker.

Der berühmte Surrealist Salvador Dali benutzte ebenfalls Eßwaren auf zweckentfremdende Weise, indem er zum Beispiel ein Apartment in New York nur mit Koteletts dekorierte. Berühmt ist auch sein Objekt einer Frau mit einer Baguette auf dem Kopf. Bei Rico Weber in Frohmatt/St. Ursen in der Schweiz kann man

*Josephine Baker*

explosive Torten bestellen, die nach einer Reihe von Explosionen und Feuerwerken in die Luft fliegen. Es gibt sie zu allen Anlässen, zu Hochzeiten, Geburtstagen und sogar Beerdigungen – in diesem Fall zum Beispiel mit explosiven, eßbaren Särgen. Rico stellt zwei Arten von Kuchen her, solche die nur leicht explodieren, und andere, die derart in die Luft gehen, daß die Festgäste sich anschließend gegenseitig abschlecken müssen. Aus Polaroid-Fotos der Aktion und den Überresten der Torten macht Rico dann ein Kunstwerk.

Der belgische Künstler Roger Nellens, bekannt für seine Mousse au Chocolat, die er in seiner Badewanne bereitet, überrascht seine Gäste oft mit einem Eiskrem-Ungeheuer, einer Replik seines Drachen-Spielzeughauses, das von Niki de Saint-Phalle entworfen wurde.

In Belgien gibt es die Theatergruppe »het eterisch strykers ensemble Parisiana«, die häufig bei ihren Auftritten Kostüme aus Eßwaren benutzt.

Wer dächte dabei nicht an Josephine Baker, die im Paris der zwanziger Jahre eine gewaltige Sensation auslöste, als sie mit weiter nichts als Bananen um Hals und Taille auftrat?

Michael Schuyt

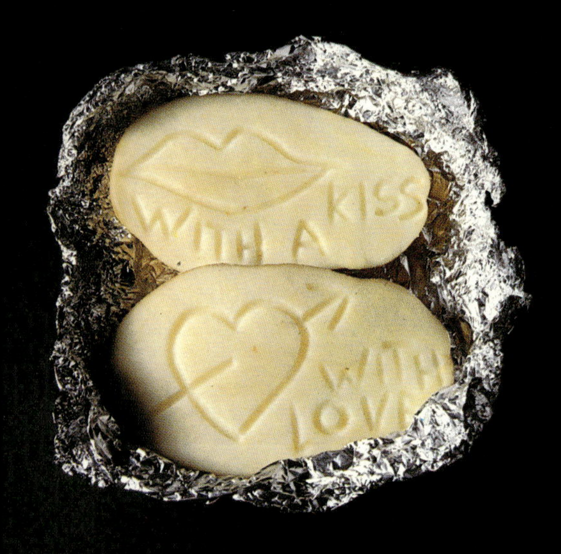
WITH A KISS
WITH
LOV

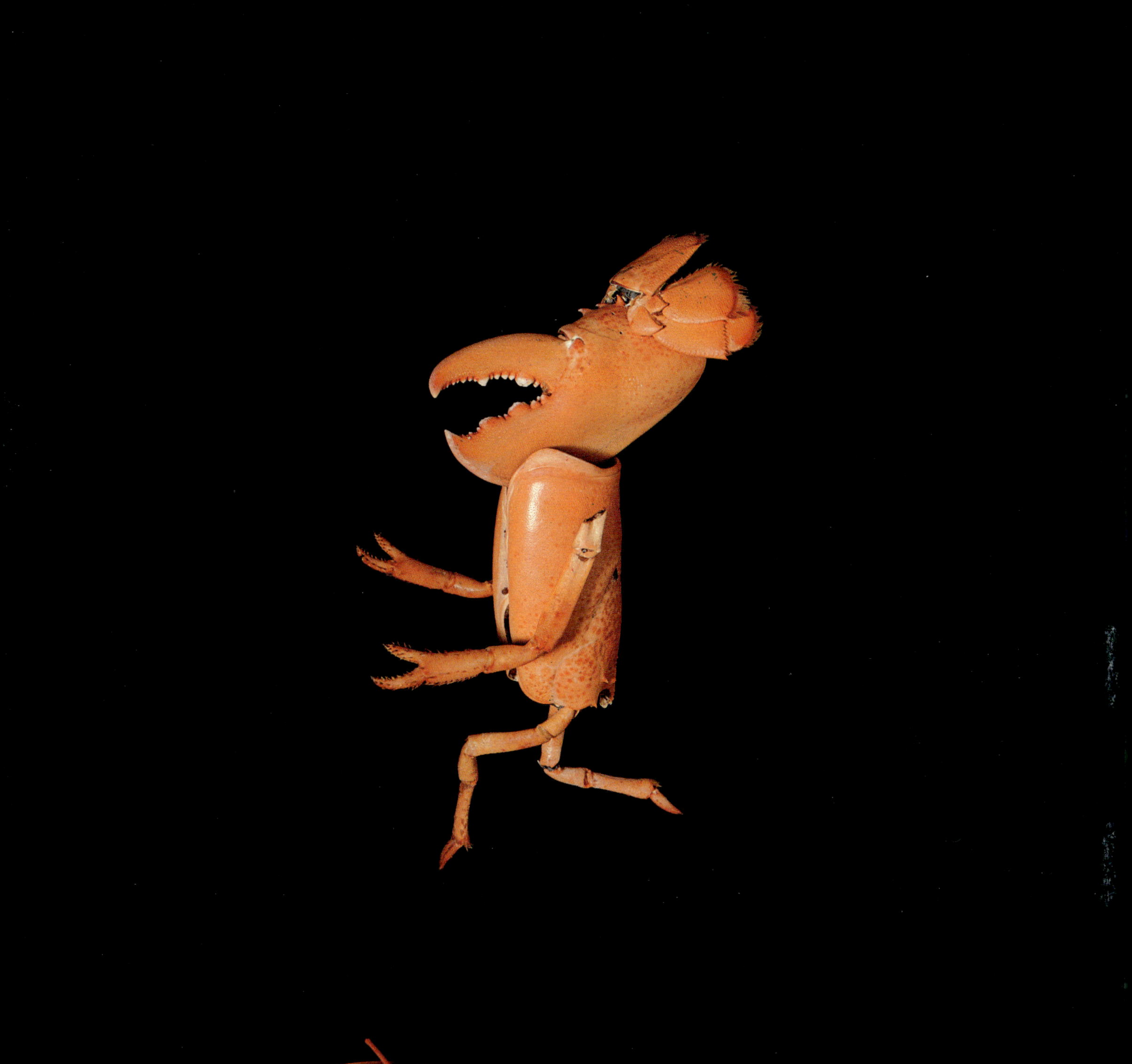

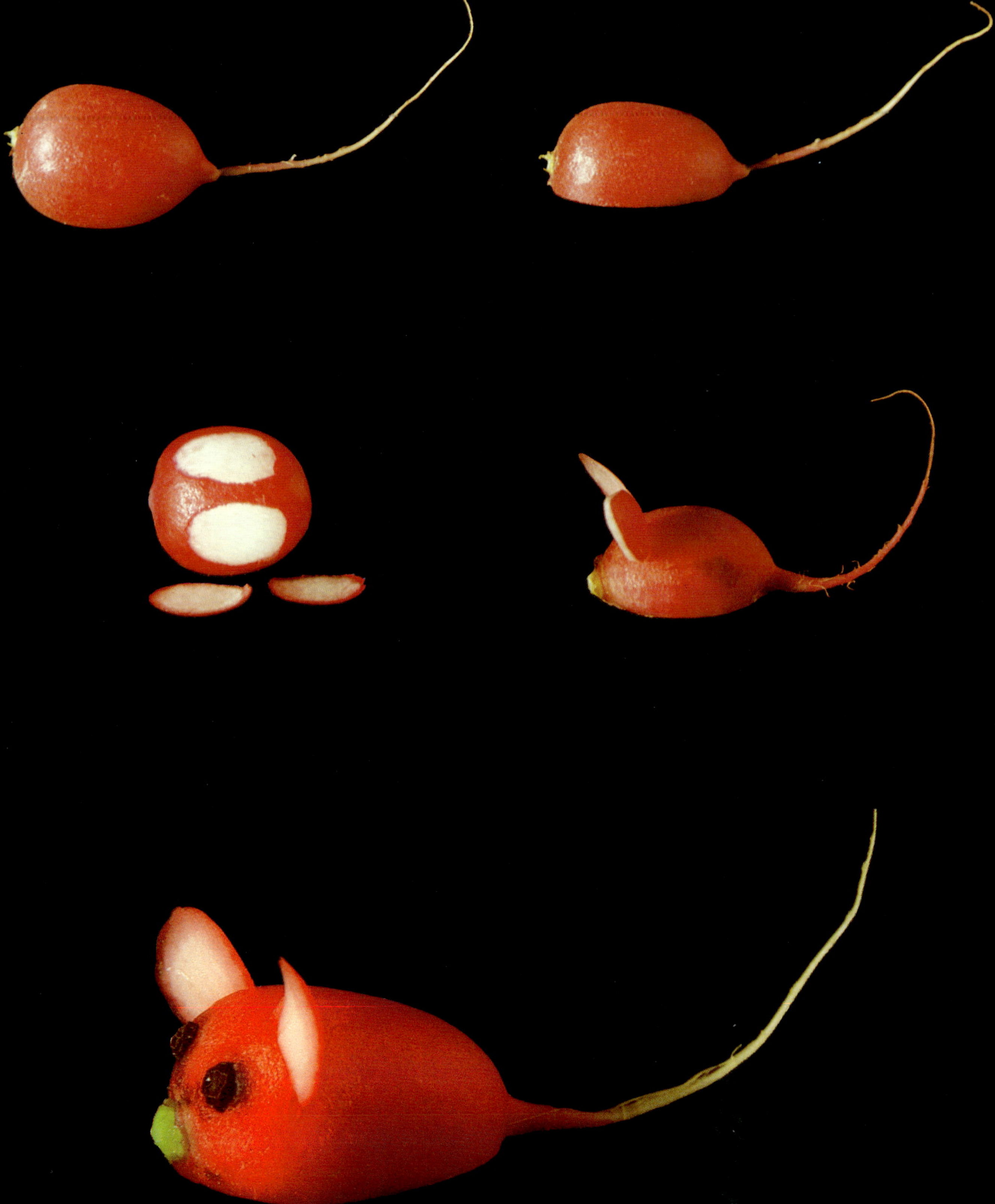

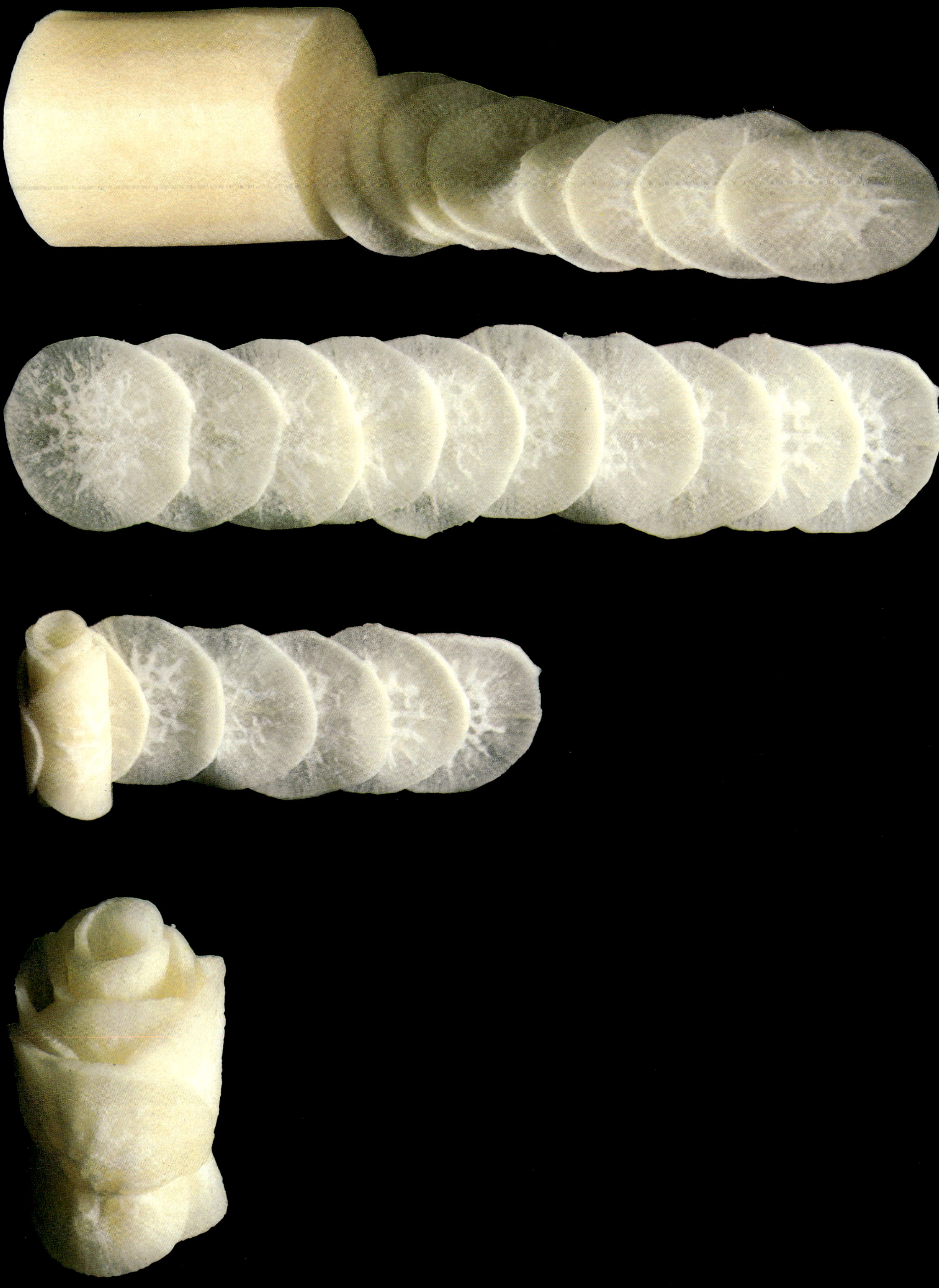

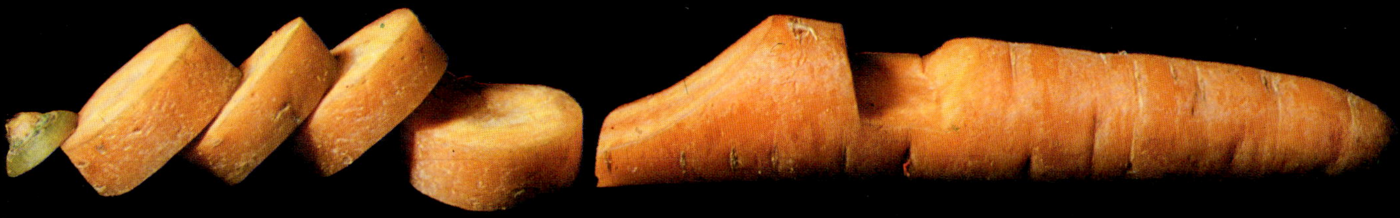

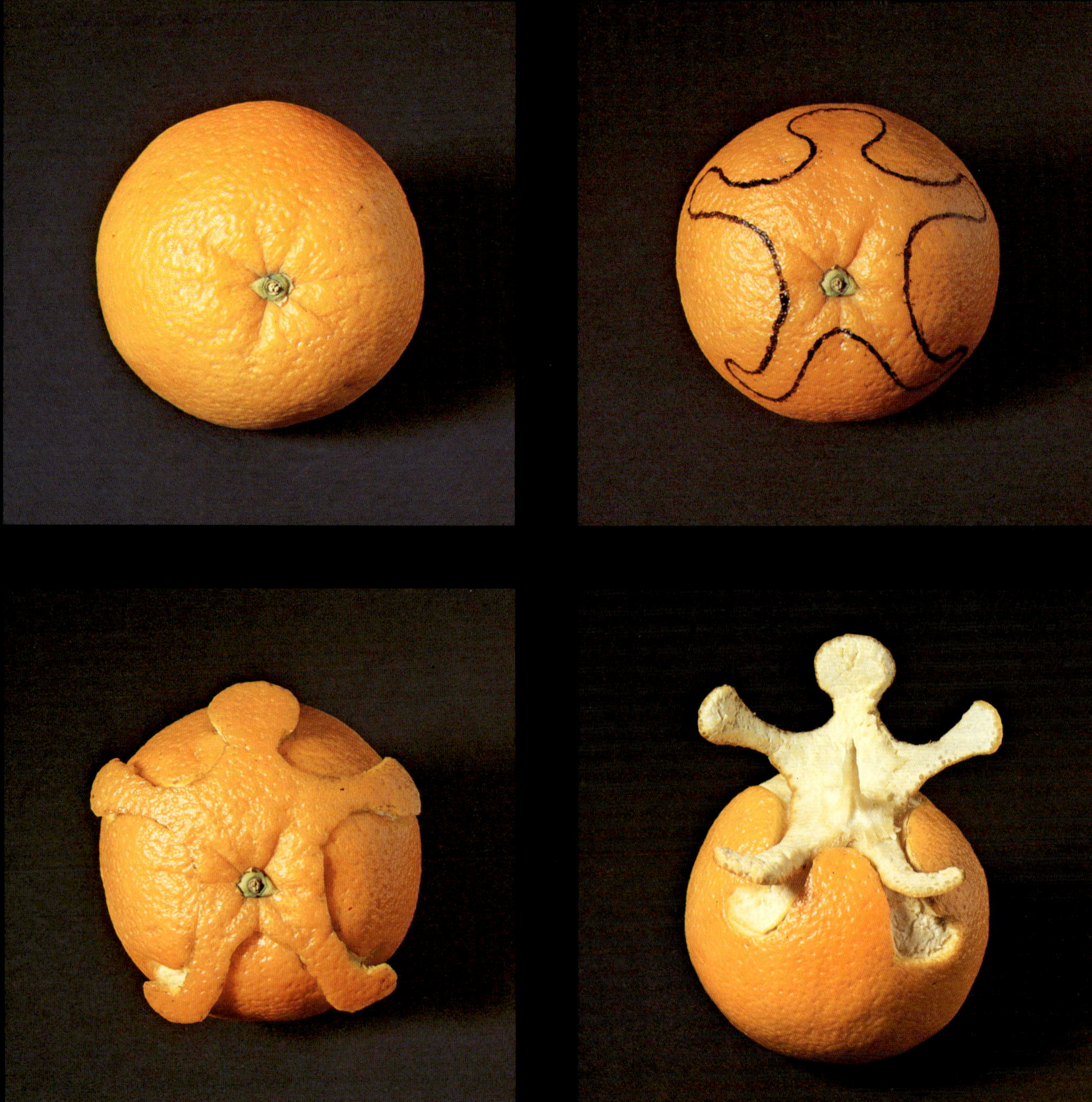

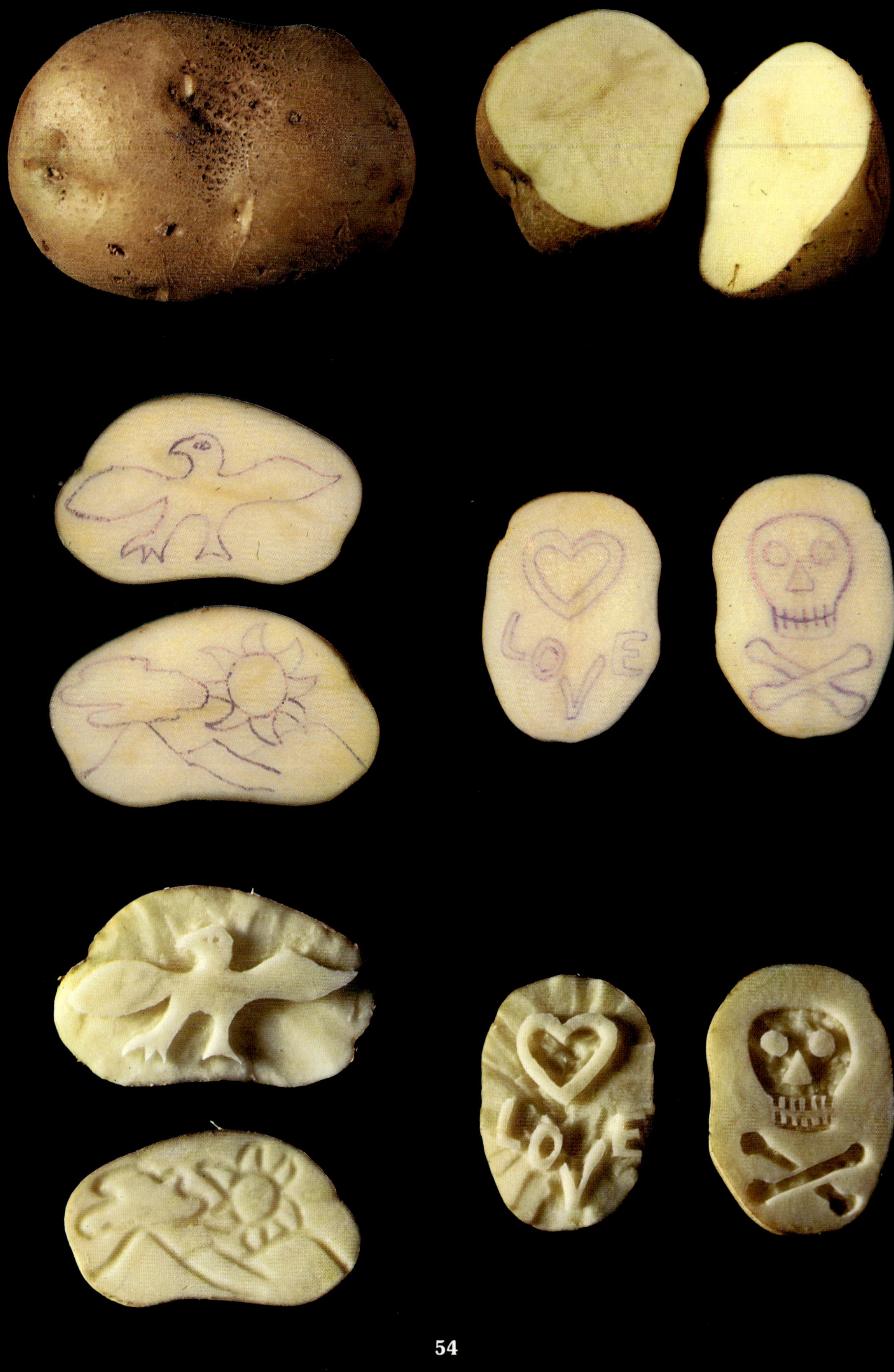
LOVE
LOVE

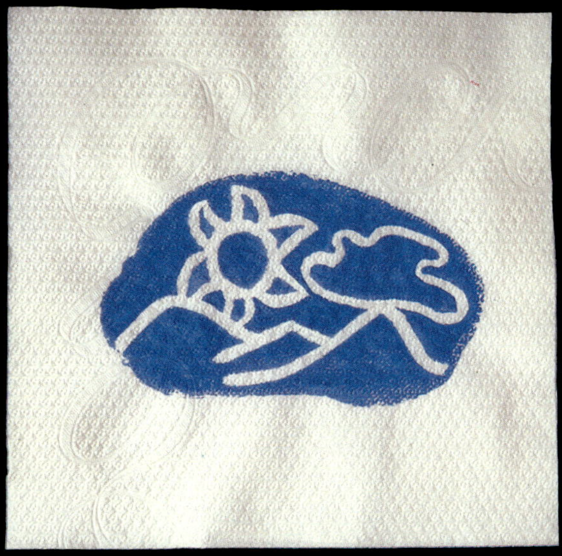

LOVE

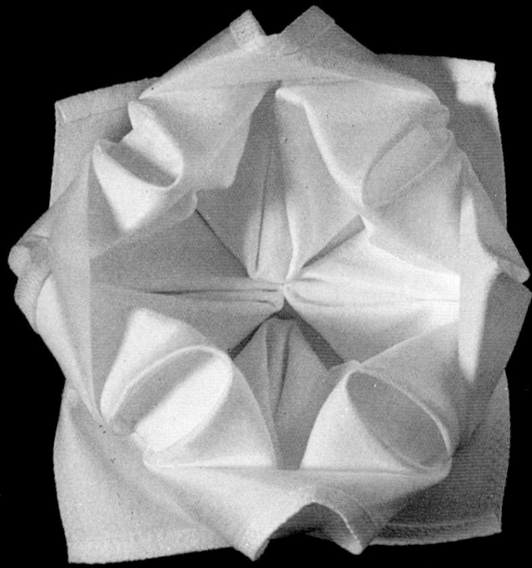

# Anleitungen von Sally Foy

## Arbeitsgerät

Die Geräte, die man für die meisten der Dekorationen in diesem Buch braucht, sind so einfach und vertraut, daß sie wahrscheinlich bereits in Ihrer Küche oder in Ihrem Werkzeugkasten vorhanden sind. Fast jedes in diesem Buch erwähnte Arbeitsgerät ist hier abgebildet. Keines davon dürfte besonders teuer oder schwer erhältlich sein. Und selbst wenn Sie ein spezielles Werkzeug nicht bekommen können, wird sich ganz bestimmt mit ein wenig Einfallsreichtum ein Ersatz finden.

Viele der Dekorationen werden von Holzstäbchen unterschiedlicher Größe zusammengehalten. Holzstäbe von etwa 0,5 cm Durchmesser sind im Hobbyladen oder Kaufhaus erhältlich oder sogar im Gärtnereigeschäft. Falls nötig, können Sie die Enden mit einem Taschenmesser oder Bleistiftspitzer anspitzen. Dünne Bambusstäbchen erhält man in Haushaltsgeschäften oder in Chinaläden. Kurze Cocktailspießchen oder Zahnstocher bekommt man in jedem Kaufhaus. Wir haben Holzstäbchen benutzt, aber auch die aus Plastik eignen sich für solche Projekte. Beim Umgang mit hölzernen Stäbchen sollte man sich vor Splittern in acht nehmen: Schmirgeln Sie alle Schnitt- oder Bruchstellen auf der Oberfläche mit feinem Sandpapier ab, besonders wenn Kinder die Arbeit in die Hand nehmen.

Ein gutes Messer ist vielleicht das wichtigste Gerät in jeder Küche, und so werden Sie mindestens eins bereits besitzen. Das breite Hackmesser (links) schneidet eine hübsche gerade Kante, ist aber vielleicht für einige Basteleien zu groß und daher unhandlich. Nützlich wird ein Messer mit langer Klinge sein (Mitte), mit oder ohne Säge. Ein kleines schmales Messer (rechts) ist vielleicht das beste, da es leicht zu handhaben ist. Alle Messer sollten sauber und sehr scharf sein: Das erleichtert Ihre Arbeit und sorgt für saubere Schnitte. Aber gehen Sie mit jedem Messer vorsichtig um und lassen Sie *nie* Kinder mit irgendeinem Messer alleine. Holz- oder Linolschnittmesser haben eine runde oder v-förmige Spitze auf einem Metallschaft. Man erhält sie ohne Schwierigkeit in Geschäften für Eisenwaren oder für Künstler- und Hobbybedarf.

An Auflauf-, Back- und anderen Formen gibt es ein großes Angebot in jeder Ausführung, Größe und Preislage. Stöbern Sie einfach in Kaufhäusern oder Haushaltsgeschäften und nehmen Sie, was Sie finden. Es macht überhaupt nichts, wenn die Formen nicht so aussehen wie die hier von uns benutzten. Einige, wie z. B. der kleine Fisch (links), sind Sülzformen, sie öffnen sich auf einer Seite. Pastetenformen (rechts) gibt es oft in zwei Hälften: Sie können eine Hälfte wie eine Sülzform benutzen oder beide Hälften zusammenklappen, um einen plastischen Gegenstand zu machen.

Ausstechformen sind in jedem Kaufhaus oder Haushaltsgeschäft erhältlich. Sie werden meist aus Blech hergestellt, und es gibt sie in allen möglichen Formen und Größen. Sie brauchen nicht teuer zu sein, und so lohnt es sich, einige unterschiedliche zu kaufen und damit herumzuexperimentieren – besonders, wenn Sie Kinder haben. Benutzen Sie die Ausstechformen für Käse, Brot, Wurzelgemüse und andere Lebensmittel.

## Der goldene Schatz

König Midas (der sagenhafte Herrscher, bei dessen Berührung sich alles in Gold verwandelte) hätte davon träumen können: Eine Galerie der schönsten Skulpturen, alle aus feinstem Gold. Im Unterschied zum Gold des Midas jedoch sind diese Kunstwerke nicht nur ein Augen-, sondern auch ein Gaumenschmaus. Butter gehört häufig auf ein Buffet, aber warum sollte man sie einfach so servieren, wie sie aus der Packung kommt, wenn man sie mit ein wenig Zeitaufwand zur besonderen Zierde des Buffets machen kann? Margarine eignet sich genauso gut wie Butter für diese Skulpturen, in einigen Fällen vielleicht sogar besser – sie schmilzt nicht so schnell wie Butter und bewahrt ihre Farbe besser. Weiche Margarine läßt sich sogar direkt im Spritzbeutel verarbeiten, während man Butter erst weich werden lassen muß.

Der goldene Brunnen links oben im Bild wird mit einer sternförmigen Tülle auf einem Spritzbeutel gespritzt. Die Bälle rechts oben wurden mit einem Butterformer (den man in guten Haushaltsgeschäften bekommt) gemacht: Zu diesem Zweck muß die Butter gut gekühlt sein.

Der Mond und der Stern wurden aus gekühlten Butterwürfeln ausgestochen. Dafür kann man Ausstechformen benutzen, die man vorher in heißem Wasser anwärmt. Der goldene Hahn stammt aus einer Pastetenform. Es ist nicht ratsam, Butter erst schmelzen und dann wieder fest werden zu lassen, da sich die Bestandteile trennen und die Butter eine unregelmäßige, streifige Farbe und einen merkwürdigen Geschmack annehmen kann.

Für die Spirale und die verzierte Schüssel darunter wurde weiche Margarine durch einen Spritzbeutel mit Tüllen unterschiedlicher Form gedrückt. Die drei Dekorationen vorn im Bild entstanden, indem Butter in eine Schale gedrückt wurde, von deren Oberfläche man mit einem in heißem Wasser angewärmten Teelöffel Kräuselspäne abschabt. Stellen Sie alle Butterskulpturen im Kühlschrank kalt, bevor Sie sie auf den Tisch bringen, damit sie so lange wie möglich ihre Form bewahren. (Ft. 1)

## Schlange im Korb

Diese Schlange sieht so lebendig aus, daß man fast auf ihr Zischen wartet! Ein französisches Stangenweißbrot wird mit dem Brotmesser in schmale Scheiben geschnitten, jedoch so, daß diese noch untereinander verbunden sind. Für den Kopf ist ein Stück von 10 cm Länge erforderlich, die gegabelte Zunge schneiden Sie aus einer roten Paprika, für die Augen nehmen Sie grüne Pfefferkörner, die in kleine

Einschnitte im Brot gesteckt werden. Das ganze Brot läßt sich nun wie eine Schlange im Korb dekorieren. (Ft. 2)

## Figuren aus Brot

Figuren aus Brot gehören in vielen europäischen Ländern zu traditionellen Festen, und sie gelangten durch die Emigranten auch nach Amerika. Solche Brotfiguren sind eigentlich zu schön zum Essen, obwohl sie auch köstlich schmecken. Man kann sie jedoch auch ganz leicht aufbewahren. Lassen Sie die Figur einfach an einer luftigen Stelle langsam austrocknen, bis sie fest und hart ist. Sie wird sich monatelang halten, bis Sie Lust haben, sich eine neue zu machen. Mit ein wenig Hilfe werden selbst Kinder Spaß daran haben, den Teig zu allen möglichen Gestalten zu formen.

Sie brauchen folgende Zutaten:

| | |
|---|---|
| 1 kg Weißmehl | 10 g frische Hefe |
| 510 ccm Milch | 20 g Salz |
| 50 g Margarine | 1 Ei |
| 30 g weißen Zucker | |

Die Milch leicht anwärmen. Das Mehl auf den Tisch oder ein Backbrett geben und in der Mitte eine Mulde eindrücken. Die Hefe, den Zucker und das Salz in getrennten Häufchen in die Mulde geben. Die Milch hinzufügen und die Hefe, den Zucker und das Salz in die Milch einrühren, bis alle Zutaten gut vermischt sind.

Vom Rand der Mulde her nach und nach das Mehl und die weiche Margarine unter die Flüssigkeit mischen und alles zu einem weichen Ball vermengen. Den Teig etwa zehn Minuten lang kneten, bis er sehr geschmeidig ist – er sollte sich zwischen Daumen und Zeigefinger vom Ball wegziehen lassen, ohne zu reißen. Den Teig zugedeckt mindestens 10 Minuten an einem warmen Ort gehen lassen.

Es empfiehlt sich, den Entwurf für die Figur zunächst auf Papier aufzuzeichnen. Nehmen Sie sich fürs erste nichts zu Schwieriges vor – halten Sie sich an einfache Formen, die Möglichkeiten zur Verzierung bieten.

Den Teig auf einem mehlbestäubten Tisch ungefähr 1 cm dick ausrollen. Mit einem scharfen Messer oder, noch besser, mit einer Küchenschere, die Umrisse der Figur ausschneiden. Wenn nötig weitere Einschnitte machen und dann die Figur mit verschiedenen Formen verzieren, die Sie aus dem Teigrest ausschneiden, und leicht angefeuchtet auf die Oberfläche kleben. Für Augen, Mund, Knöpfe usw. nehmen Sie Nüsse, Rosinen oder glasierte Kirschen. Die fertige Figur zum Glasieren an der Oberseite mit verquirltem Ei bepinseln. Vorsichtig auf ein gefettetes Backblech legen und 30 bis 45 Minuten gehen lassen. Inzwischen den Ofen auf 250° C. vorheizen. Die Figur etwa 10 Minuten lang backen. (Ft. 2)

## Brot-Mosaik

Es gibt zwar schon Brot in den verschiedensten Formen, aus vielerlei Getreide und in zahllosen Varianten gewürzt und verziert, mit Hilfe von ganz gewöhnlichen Ausstechformen jedoch wird eine Scheibe Brot zu einem phantasievollen Mosaik.

Nehmen Sie einfach ein Weißbrot und ein Graubrot. Beide Brote schneiden Sie in gleichdicke Scheiben. Mit Ausstechförmchen Muster ausstechen und dann weiße Mittelstücke in braune Scheiben übertragen und umgekehrt. Wir haben auch Käsescheiben verwendet: Sie passen phantastisch in dünne, dunkle Pumpernickelscheiben (oben im Bild). Damit auch ein Süßmaul auf seine Kosten kommt, können Sie Honigkuchen mit Rosinenbrot kombinieren.

Mit denselben Mustern lassen sich auch Sandwiches machen: Aus einer dunklen und einer weißen Scheibe Brot die Form Ihrer Wahl ausstechen, die Formen austauschen, dann jede Scheibe mit Margarine oder Butter bestreichen, eine Scheibe Käse oder Schinken in die Mitte legen und beide Scheiben zusammendrücken. (Ft. 3)

## Lächelndes Frühstück

Wenn Sie als erstes am Morgen ein fröhliches Gesicht sehen, beginnt der Tag gleich viel besser. Für ein lächelndes englisches Frühstück: Ein paar Scheiben Speck und ein paar Würstchen grillen oder braten. Warm stellen. Zwei Eier sehr vorsichtig in die Pfanne schlagen (wenn das Eigelb zerläuft, sollten Sie besser ein Omelett daraus machen). Mit einem Holzlöffel das Eigelb an einer Seite der Pfanne vorsichtig zusammenschieben. Die Eier braten und dann durch das ›Speckhaar‹ und den ›Wurstmund‹ ergänzen. Wir haben eine gekochte Möhre als Nase benutzt, aber ein Kartoffelspan erfüllt den gleichen Zweck. (Ft. 4)

## Der weiße Gockel

Hartgekochte Eier machen sich besonders gut auf einem Salatbuffet, aber wer sagt denn, daß man sie so lassen muß, wie die Natur sie schuf? Verwandeln Sie Ihre Eier mit der Hälfte einer Pastetenform (derselben, die wir auf Seite 90 für die Butter benutzt haben) in ein Hähnchen. Sie können auch jede andere Form benutzen, obwohl sich eine sehr flache Form am besten eignet. Die Eier aufschlagen und in die leicht gefettete Form geben, bis sie fast voll ist. Die Form fest mit Alufolie abdecken und vorsichtig in einen Topf mit siedendem Wasser stellen. Leicht kochen lassen, bis die Eimasse fest ist, und dann abkühlen lassen. Inzwischen bereiten Sie auf einem Teller eine Rosette aus Gurkenscheiben vor. Dann stürzen Sie den Gockel aus der Form und servieren dazu Graubrot und Mayonnaise als Beilagen. (Ft. 5)

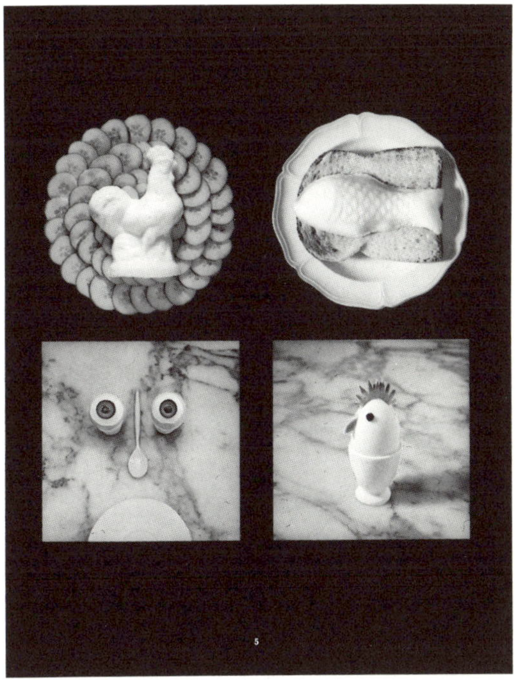

5

## Fisch-Frühstück

Statt zum Frühstück Eier zu essen, könnten Sie es zur Abwechslung einmal mit einem Fisch versuchen. Dieser kleine Fisch hat nie das Meer erblickt. Er wurde genauso hergestellt wie der weiße Gockel, aber in einer kleineren Sülzform, so daß nur *ein* großes Ei nötig war. Die Form leicht mit Öl oder Butter einfetten und das Ei hineinschlagen. Die Oberseite fest in Folie einschlagen und die Form in einen Topf mit siedendem Wasser stellen, bis das Ei hart ist. Den Fisch auf eine gebutterte Toastscheibe stürzen. (Ft. 5)

## Ei-Augen

Machen Sie besser keine Ei-Augen für jemanden, der einen Kater hat – er würde es vielleicht gar nicht komisch finden. So wird's gemacht: Zwei Eier hart kochen, in Eierbecher setzen, die Eierschalen an der Spitze aufklopfen und die Splitter entfernen, ohne das Eiweiß zu beschädigen. Die Spitzen von zwei schwarzen Oliven abschneiden, auf die Eierspitzen setzen und mit zwei Olivenscheibchen umgeben. (Ft. 5)

## Die Henne oder das Ei?

Was war zuerst, die Henne oder das Ei? Sie können beide gleichzeitig haben: Um Ihr Ei in eine Henne zu verwandeln, kochen Sie das Ei fünf Minuten lang. Inzwischen schneiden Sie aus einer rohen Karotte die Form eines Kamms und eines Schnabels. Das gekochte Ei schälen Sie und setzen es in einen Eierbecher. Das Eiweiß ritzen Sie leicht ein und stecken die zurechtgeschnittenen Karottenstreifen hinein, Rosinen oder Nelken als Augen. (Ft. 5)

## Feldmäuse

Die Mäuse auf dem Titelbild und auf Farbtafel 17 dieses Buches sind Stadtmäuse, die in ziemlich beengten Verhältnissen leben. Ihre Verwandten auf dem Lande bevorzugen Weiträumigkeit und schöne Landschaft. Ein Paar von dieser Spezies genießt vor unseren Augen den Blick auf einen See und eine bewaldete Hügellandschaft dahinter.

Machen Sie aus Kartoffelpüree Ihre eigene Landschaft, wobei die Kartoffeln mit gerade so viel Milch geschlagen werden sollten, um eine glatte steife Masse zu bilden. Während die Kartoffeln kochen, dünsten Sie Broccoli, bis er gar, aber noch ziemlich fest ist – nicht weich. Machen Sie zwei oder auch mehr von den auf Seite 100 beschriebenen Radieschen-Mäusen.

Auf einem angewärmten Teller das Kartoffelpüree zu einer Miniaturlandschaft mit Hügeln und Tälern formen. Den Broccoli in Sprößchen zerteilen und diese mit ihren Stengeln so in die Kartoffelmasse stecken, daß sie wie Bäume aussehen. Das Seebecken kann mit Soße oder zerlassener Butter gefüllt werden. Die Mäuse ins Zentrum dieser friedlichen Idylle setzen und sofort servieren. (Ft. 6)

## Im Zeichen der Fische

Diese beiden Fische stellen das astrologische Sternzeichen der Fische dar, und so würde sich diese Idee bestens als Tischdekoration für die Geburtstags-Party eines Fische-Geborenen eignen. In beiden Fällen bildet Kartoffelpüree den Körper des Fisches. Der Fisch mit dem roten Gesicht hat Karottenscheibchen auf dem Kopf und die Scheibe einer gefüllten Olive als Auge. Für seine Flossen und Schuppen: Eine gewaschene Salatgurke längs in zwei Hälften schneiden und die dunkle Schale zu Stiften und Streifen schneiden, um damit die Flossen zu gestalten. Die andere Gurkenhälfte in dünne Scheiben schneiden und in einem überlappenden Muster vom Schwanz her zum Kopf auf den Körper des Fisches legen.

Der andere Fisch läßt sich noch einfacher machen. Er ist mit sich überschneidenden Scheiben fester Radieschen verziert und auf einem Petersilienbett angerichtet. Radieschen oder Gurkenscheiben können auch benutzt werden, um einen echten Brat- oder Kochfisch zu garnieren, der kalt gereicht wird. (Ft. 7)

## Kartoffelbotschaften

Sie sind vielleicht zu schüchtern, um das hübsche Mädchen auf der Grill-Party anzusprechen? Aber hier finden Sie eine Möglichkeit, ihr dennoch zu sagen, was Sie für sie empfinden. Lassen Sie ihr eine Botschaft zukommen, die sie wegen ihrer Originalität nie vergessen wird. Natürlich muß es keine so liebevolle Botschaft sein wie die hier abgebildete. Sie könnte auch ›Hallo‹ lauten oder ›Beauty‹ oder Ihre Telefonnummer beinhalten, die sie sich vor dem Essen einprägen soll.

Ihre Botschaft mag ein Geheimnis sein, aber es ist nichts Geheimnisvolles an ihrer Herstellung. Einfach eine große Kartoffel säubern (nehmen Sie eine Sorte mit wächsernem, nicht mit mehligem Fleisch) und halbieren. Mit der Spitze eines feinen Messers oder noch besser mit einem Linolschnittmesser Ihre Botschaft fest in die Innenflächen einritzen. Die Kartoffel wieder zusammenklappen und in Alufolie einwickeln. Im Ofen oder in der glühenden Asche eines Lagerfeuers oder Barbecues backen, bis sie gar ist. Jetzt bieten Sie Ihrer Liebsten die Kartoffel an … Merken Sie sich vorher genau, welche die geheime Botschaft enthält! (Ft. 8)

## Der gebackene Eskimo

Dieser Vorschlag setzt ein gewisses Maß an künstlerischem Geschick voraus, aber Sie können auch genauso gut einfache Karikaturgesichter machen oder ein Tiergesicht, eine Katze oder eine Eule zum Beispiel. Mit einem kleinen scharfen Messer auf der Schale einer großen, sauberen Kartoffel eine ovale Form ausschneiden. Dann sehr vorsichtig die Form eines Gesichts in die Kartoffel schnitzen. Möglichst an den Augenbrauen und am Mund die Kartoffelschale stehenlassen. Wenn Sie mit Ihrer Eskimo-Maske zufrieden sind, wickeln Sie die Kartoffel in Alufolie und backen Sie sie im heißen Ofen, bis sie gar ist. Wickeln Sie sie auf und bewundern Sie Ihre Schöpfung. Das Gesicht ist wirklich fast zu schön zum Essen, und daher sollten Sie vielleicht besser zusätzlich eine einfache, unbearbeitete Kartoffel in Folie garen, die Sie zum Abendessen verzehren.

Anstatt die Kartoffel zu backen, können Sie sie über Monate aufbewahren, und langsam wird Grün aus ihrem Kopf wachsen. (Ft. 8/9)

## Die chinesische Kugel

Die alten Chinesen schnitzten in ihrer Freizeit raffinierte Kugeln aus Elfenbein, die sich in einem quadratischen Gehäuse befanden. Unsere chinesische Kugel hat man schneller gemacht, und im Gegensatz zur Elfenbeinkugel kann man sie essen. Die Herstellung ist allerdings gar nicht so leicht, und deshalb sollten kleine Kinder nicht dazu ermutigt werden.

Einen etwa 3 cm großen Würfel aus einer großen Kartoffel ausschneiden. Um alle Ecken rechtwinkelig zu machen, kann man ein Zeichendreieck benutzen. Etwa 5 mm von der Kante entfernt eine dünne Rille einschneiden. (Dafür eignet sich am besten ein Messer mit einer kleinen Klinge wie beispielsweise ein Künstler-Schnitzmesser.) Nach und nach auf jeder Seite des Würfels die Kartoffel von den Ecken wegschneiden, bis die Kugel sich vom Rahmen löst. Die Oberflächen der Kugel zurückschneiden, indem Sie sie in ihrem Kästchen kreisen lassen, bis sie eine glatte Oberfläche hat. Die chinesische Kugel in der Bratpfanne oder Fritteuse in schwimmendem Fett goldbraun backen und als Garnierung verwenden – zum Beispiel auf einem saftigen gegrillten Steak. Mit entsprechender Übung können Sie chinesische Kugeln in jeder Größe herstellen, die eine Kartoffel möglich macht. Wenn Sie mehrere auf einmal zubereiten und servieren wollen, dann bewahren Sie sie, um Verfärbungen zu vermeiden, in einer Schüssel mit kaltem Wasser und einem Spritzer Zitronensaft oder Essig auf, bis Sie alle geschnitzt haben. Dann auf Papiertüchern abtropfen lassen und alle zusammen in schwimmendem Fett ausbacken. (Ft. 10)

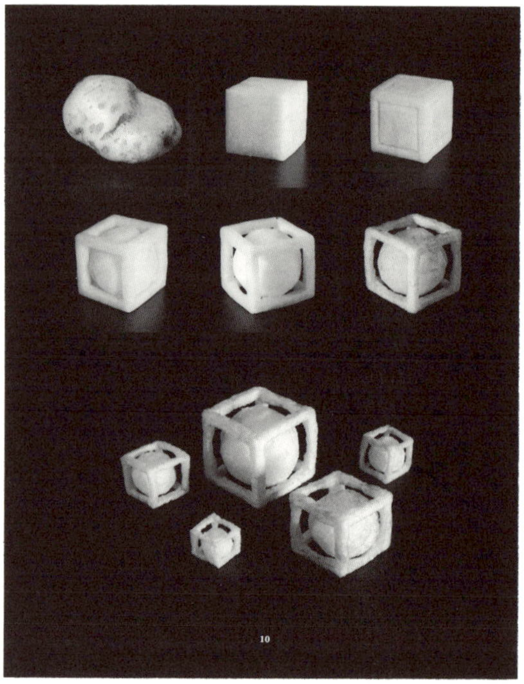

## Pommes frites-Express

Dieser lustige kleine Zug ist ein sicherer Erfolg bei Kindern im Alter von eins bis hundert. Es wird ihnen auch Spaß machen, ihn herzustellen, wenn auch kleinere Kinder ein wenig Hilfe und Anleitung brauchen, damit sie sich nicht in die Finger schneiden. Der Zug ist nach einem einfachen Holzspielzeug gestaltet; Sie können ihn nachmachen oder Ihren eigenen entwerfen. Was mißlingt, läßt sich schließlich leicht zu Kartoffelpüree verarbeiten, so daß nichts umkommt.

Große Kartoffeln benutzen. Schälen, dann mit einem scharfen Messer die Formen ausschneiden. Die Lokomotive braucht eine (etwa 10 cm lange) Basis, einen Block für den Führerstand, Zylinder für den Kessel und den Schornstein und vier Scheiben als Räder. Die Anhänger sind einfache Kartoffelblöcke mit vier Rädern; aber sie lassen sich noch ausgestalten, etwa mit zylindrischen Containern oder indem man sie aushöhlt und nach dem Ausbacken mit einer Ladung Erbsen, Kartoffelpüree oder Mayonnaise füllt.

Zum Zusammenfügen der Lok-Teile und zum Befestigen der Räder an den Anhängern Cocktailstäbchen verwenden. Die Eisenbahn vorsichtig in den Drahtkorb einer Friteuse stellen und goldbraun backen. Unser Pommes frites Express rattert durch ein Feld aus einer Mischung von fein gehacktem Spinat und Kartoffelpüree, das man aus den übriggebliebenen Kartoffelschnipseln bereiten kann. Wenn der Zug gegessen werden soll, denken Sie daran, vorher die Cocktailstäbchen zu entfernen. (Ft. 11)

## Sag' es mit Pommes frites

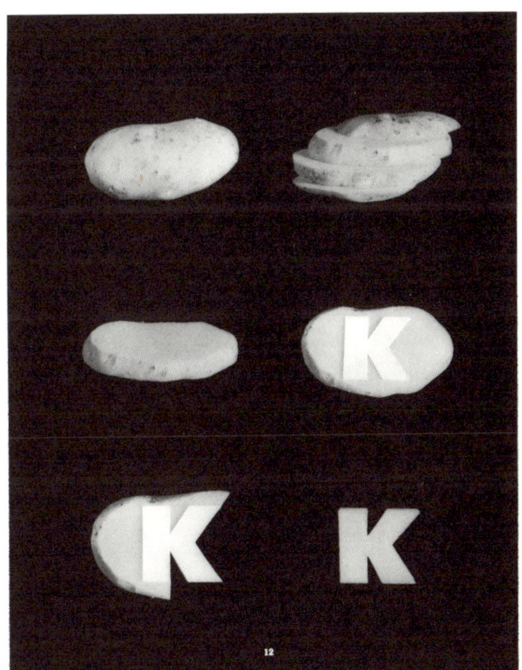

»Man ist, was man ißt«, wie man so sagt; und nichts könnte wahrer sein, wenn man seinen

eigenen Namen in Form von Pommes frites ißt. Sie könnten Ihren Gästen oder den Kindern ihre Plätze am Tisch zuweisen, indem sie ihre Initialen oben auf das Gericht legen.

Wir haben Plastikbuchstaben aus einem Geschäft für Künstlerbedarf als Schnittmuster benutzt. Sie können genauso gut Ihre eigenen Buchstaben entwerfen und sie aus fester Pappe ausschneiden; oder wenn Sie sich gerne als Kartoffel-Designer betätigen, schneiden Sie sie einfach ohne Vorlage aus. Sie brauchen nichts weiter als ein scharfes, spitzes Messer.

Eine Kartoffel, die für die Buchstaben groß genug ist, gleichmäßig in etwa 1 cm dicke Scheiben schneiden. Den Buchstaben auf eine Scheibe legen und darum herumschneiden. Passen Sie besonders bei den Buchstaben mit runden Formen (S, C, U) auf oder bei Buchstaben mit Löchern darin (A, B, O).

Die Buchstaben in einer Friteuse oder Bratpfanne goldbraun backen und sofort servieren. Sie können die übriggebliebenen Kartoffelstückchen zu nicht alphabetischen Pommes frites verarbeiten oder sie alle zusammen zu einem Kartoffelpüree aufkochen. (Ft. 12/13)

## Grüne Ketten

Dies ist ein weiterer, sehr einfacher Vorschlag für die Gestaltung einer Gurke, und im Unterschied zur Spirale macht es hierbei nichts aus, wenn die Gurke nicht gerade und glatt ist. Sie können als Dekoration eine lange Kette machen oder sie in kürzere Abschnitte aufteilen, um einzelne Teller damit zu garnieren. Die Gurke einfach in etwa 1 cm dicke Scheiben schneiden und die dünnen Enden der Gurke wegwerfen. Das weiche Mark in der Mitte der Scheiben herausschneiden, so daß sie eine Menge Ringe übrigbehalten (falls Sie eine kleine, runde Ausstechform haben, könnten Sie die Löcher ausstanzen). In jeden Ring einen Einschnitt machen und den Ring an der

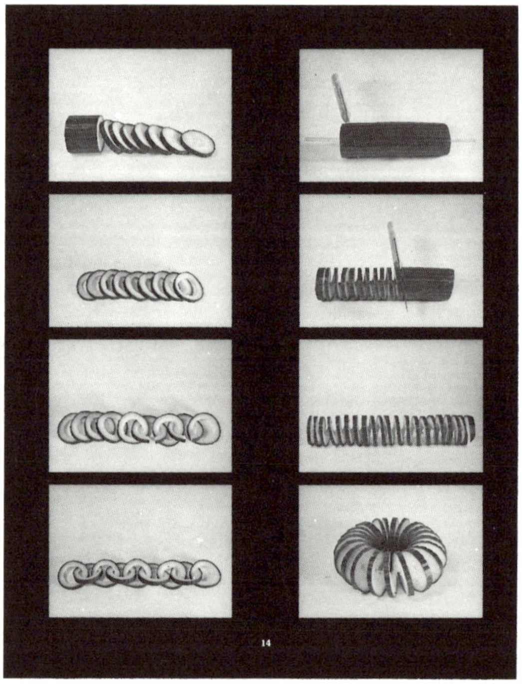

Stelle nur so weit öffnen, daß der nächste Ring hindurchpaßt. Alle Ringe zu einer Kette zusammenfügen. Die Schnitte im Ring fügen sich so gut zusammen, daß sie praktisch unsichtbar sind. Legen Sie die Kette in Eiswasser, um sie fest und frisch zu halten, bis sie verwendet wird. (Ft. 14)

## Sommerspirale

Kühle, saftige Gurken sind im Sommer sehr willkommen und ergänzen viele Speisen, wie etwa Käse und kaltes Fleisch. Nun lassen sich Gurken auch im Handumdrehen zu attraktiven Dekorationen gestalten.

Alles, was Sie brauchen, ist eine sehr gerade, glatte Gurke mit einer sauberen unversehrten Schale, ein kleines scharfes Messer und einen Holzstab in der Länge der Gurke von ½ bis 1 cm Durchmesser. Ein gewöhnliches Pflanzholz reicht völlig aus. Zuerst die dünnen Enden der Gurke abschneiden, so daß man einen geraden Zylinder hat. Gewellte Gurken eignen sich nicht für diese Dekoration. Den Holzstab gerade durch die Gurkenmitte drükken, bis beide Holzenden herausstehen.

An einem Ende anfangen und das Messer fast – aber nicht ganz – rechtwinklig zur Gurke halten. Beginnen Sie mit Ihrer Spirale, indem Sie die Gurke so weit einschneiden, bis die Klinge auf das Holz trifft. Die Gurke drehen und eine ununterbrochene Linie rundherum schneiden, wobei die Schnittlinien 1 cm voneinander entfernt sein sollten. So lange fortfahren, bis Sie ans andere Ende des Zylinders gelangen. Jetzt das Holz entfernen.

Sie können die Gurke nun etwa zu ihrer zweifachen Länge auseinanderziehen oder sie zu einem hübschen Ring zusammenrollen, der zum Mittelpunkt einer Tischdekoration wird. Sie könnten ihn noch mit einigen Gemüseblumen aus diesem Buch füllen. (Ft. 14)

## Mister Hummer

Wenn Sie nicht gerade zufällig an der See leben, ist Hummer höchstwahrscheinlich ein ziemlicher Luxus; dies ist daher kein Vorschlag für einen alltäglichen Spaß. Wenn Sie jedoch für ein besonderes Essen Hummer zubereiten und ihn nicht in der Schale servieren müssen, dann ist es vielleicht ganz amüsant für Sie, diesen verrückten Hummermann zu basteln. Nach dem Kochen verfärbt sich der Hummer zu einem so wunderschönen Rot, daß es ein Jammer wäre, eine so dekorative Schale wegzuwerfen.

Mister Hummer ist ziemlich leicht herzustellen. Das Bruststück (der größte vordere Teil des Hummerkörpers) bildet den Rumpf des Mannes. Die Arme und Beine werden aus den Beinen des Hummers gemacht, und der zerfranste Schwanz des Tieres bildet eine smarte Perücke. Das Gesicht des Mannes besteht aus der Hummerzange: sein ›Mund‹ kann auf- und

zugeklappt werden, als ob er sprechen würde. Vor dem Zusammensetzen des Mannes soviel wie möglich von dem gekochten Fleisch aus der Schale entfernen – aber geben Sie sich nicht gar zu viel Mühe mit den Beinen oder dem Schwanz, da es nicht möglich ist, sie sauber zu bekommen, ohne sie zu beschädigen. Die Schale ausschaben und von innen und außen waschen und trocknen lassen. Ein Klumpen Knetgummi im Innern des Körpers dient als Verankerung für den Kopf und die Beine. Die Arme und die Perücke werden mit Nadeln oder dünnen Nägeln befestigt. Man kann auch von unten einen Holzstab in die Knetmasse stecken, um die Figur in ihrer aufrechten Haltung zu stützen. Das untere Ende des Holzstabs in einen schweren Gegenstand stecken – einen weiteren Klumpen Knetgummi oder ein großes, festes Gemüse. Mister Hummer ist natürlich rein dekorativ, erlauben Sie daher Kindern nicht, mit ihm zu spielen; und werfen Sie ihn weg, sobald der Anlaß vorbei ist. (Ft. 15)

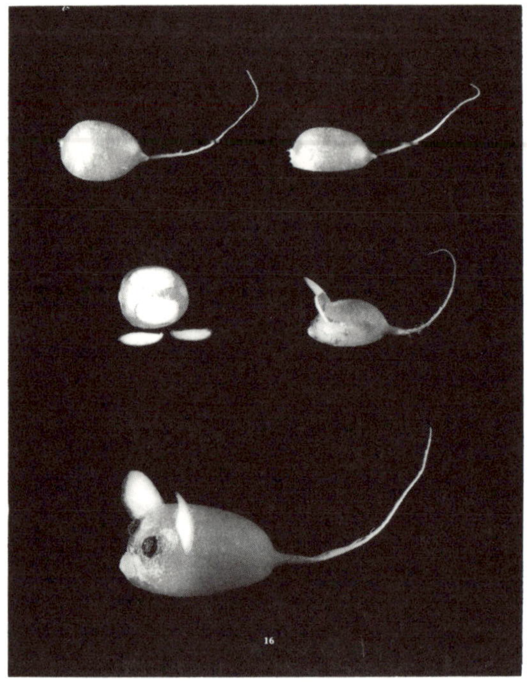

## Die Radieschen-Maus im Käseloch

Für eine Radieschen-Maus benötigen Sie ein großes Radieschen, das eine lange Wurzel für den Schwanz hat. Eine Seite abschneiden, so daß der ›Radieschenkörper‹ sitzen kann. Von dem abgeschnittenen Stück zwei kleine Scheiben für die Ohren nehmen, die Ohrstückchen in eingeschnittene Kerben am Körper stecken. Zwei weitere Löcher für die Augen aushöhlen und schwarze Pfefferkörner oder schwarze Olivenstückchen als Augen hineinstecken. Ist es nicht eine hübsche Maus?

Machen Sie eine Mäusefamilie, die Sie in einem Stück Schweizer Käse so dekorieren, als hätte sie sich durchgefressen. (Ft. 16/17)

## Radieschen-Käfer

Marienkäfer sind die entzückendsten Käfer, klein und rund, mit ihrem glänzenden roten Panzer und den vielen Punkten darauf sind sie ein willkommener Sommerbote.

Dasselbe gilt für diese Radieschen-Käfer, die ein bißchen wie Marienkäfer aussehen. Sie können Körper und Flügel mit Mustern versehen, die jeden echten Marienkäfer vor Neid erblassen lassen.

Sie brauchen nichts weiter als ein Bund frische Radieschen und ein kleines scharfes Messer. Den Stengel und die Blätter dicht an der Knolle abschneiden, aber die Wurzel dranlassen. Der schwierigste Teil sind die ›Fühler‹ des Insekts. Langsam und vorsichtig mit der Messerspitze die Wurzel des Radieschens in zwei Lösungshälften teilen. Sie können das Radieschen dabei entweder in der Hand halten oder die Wurzel gegen den Tisch drücken.

Für die Flügel zwei blütenblattförmige Umrisse vom Stengelende nach oben schneiden und dann die ›Flügel‹ von der Radieschenoberfläche herausschneiden. Schneiden Sie nicht einfach am Fühlerende durch, sonst fallen die Flügel ab. Mit einer Messerspitze oder einem Linolschnittmesser die Flügel und den Körper mit Punkten, Streifen und Zickzacklinien verzieren. Es ist einfacher, die Flügel mit einem Muster zu verzieren, *bevor* Sie sie vom Körper losschneiden. (Ft. 18)

Sobald ein Radieschen-Käfer fertig ist, sollte er in eine Schüssel Eiswasser gelegt werden. Dadurch werden die Flügel und Fühler fest und das Fleisch bleibt weiß. Die hübschen Käfer lassen sich gut zum Garnieren verwenden: Zum Beispiel über einen Salat verstreut oder um eine Pastete gruppiert, bringen sie den Sommer auf den Tisch.

18

19

## Zauberpilze

Die Zauberpilze, die hier aus der Kresse wachsen, können Sie aus Radieschen machen:

An kleinen Radieschen 1 cm Stengel stehen lassen, um ihnen in der Kresse Halt zu geben. Am unteren Ende die Wurzel dicht an der Knolle abtrennen. Um die Mitte des Radieschens eine dünne Linie einritzen und dann vom Stengel bis zu dieser Linie das rote Äußere des Radieschens wegschneiden, so daß das weiße Innere wie ein dicker Pilzstengel übrigbleibt. Die Pilze frischer Kresse anrichten und als Beilage zu einem Salat oder Buffet servieren. (Ft. 19)

## Radieschen-Rosenknospen

Wie kann man etwas so Schlichtes und Unscheinbares wie ein Bund Radieschen in etwas so Zauberhaftes und Romantisches wie einen Strauß roter Rosen verwandeln? Der Zauberkünstler könnten Sie sein – mit Hilfe eines scharfen, spitzen Messers und ein paar Minuten Zeit. Das eigentliche Zaubermittel ist die Phantasie, denn die Gestaltungsmöglichkeiten für Radieschen sind schier unerschöpflich.

Die abgebildeten Vorschläge erklären sich eigentlich selbst, und wenn Sie es einmal ausprobiert haben, werden Ihnen noch mehr und bessere Ideen kommen. Die Kunst besteht darin, nicht ganz durchzuschneiden. Eine Menge dichter Einschnitte, kreuz und quer im rechten Winkel, bildet einen Kopf mit winzigen, dichten Blütenblättern. Wenn Sie eine Zickzacklinie um das Radieschen ritzen und dann abwechselnd die Dreiecke vom Fleisch lösen, springen sie wie Blütenblätter auf. Sie können die Blütenblätter groß oder klein machen, rund oder spitz.

Wir haben die Stengel von den Radieschen abgeschnitten, um die Entwürfe deutlicher vorzuführen, aber wenn Sie wollen, können

20

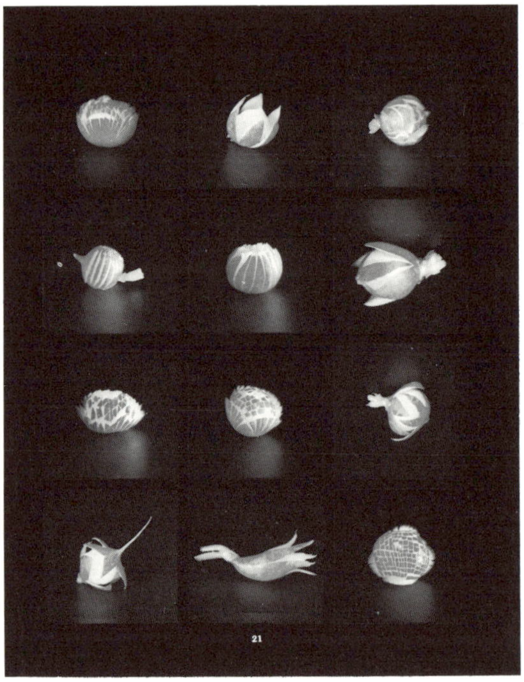

21

Sie die Blätter daran lassen und die fertigen Blumen zu einem Strauß zusammenbinden. Die geschnittenen Radieschen in Eiswasser legen, damit sie frisch bleiben. (Ft. 20/21)

## Die Perle im Zwiebel-Lotos

In den buddhistischen Ländern des Ostens symbolisiert der Lotos den Kosmos, die Unsterblichkeit, Weisheit und vollkommene Schönheit. Was könnte inspirierender für Ihre Tischdekoration sein? Und falls Sie nicht mal schnell nach Indien hinüberfliegen können, um eine frische Lotosblume zu pflücken, können Sie immer eine Zwiebel als Ersatz benutzen.

Beim Umgang mit Zwiebeln ist es ratsam, sich vor dem Schneiden die Hände mit Essig abzureiben. Das bewahrt die Augen vor Reizung und die Hände vor Geruch.

Die äußere Haut einer großen Zwiebel abschälen – wenn möglich einer schönen roten spanischen – und das obere und untere Ende zurückschneiden. Die äußere Schicht in sechs oder acht ›Blütenblätter‹ segmentieren, die am unteren Ende miteinander verbunden bleiben. (Wir haben die Schnitte vorher mit Filzstift markiert.) Achten Sie darauf, daß Sie nicht in die zweite Schicht schneiden. Ein bis zwei weitere Schichten auf dieselbe Weise zurechtschneiden. Die Zwiebel in Eiswasser legen, damit sich die ›Blütenblätter‹ öffnen. (Ft. 22)

22

23

## Zwiebel-Chrysanthemen

Die Chrysantheme hat wie der Lotos eine symbolische Bedeutung: Reichtum, langes Leben und Glück. Schöne Begriffe, selbst wenn sich hinter der Chrysantheme nur eine Zwiebel verbirgt. Wiederum von einer großen weißen oder roten Zwiebel das obere und untere Ende zurückschneiden. Mit einem scharfen Messer quer über das obere Ende der Zwiebel in einem Radialmuster – wie bei einem Wagenrad – vier oder fünf Einschnitte machen, und zwar bis etwa 1 cm über der Grundfläche. Die Zwiebel in eine Schüssel mit Eiswasser legen, damit sich die ›Blütenblätter‹ öffnen.

Mit Zwiebel-Lotos und -Chrysanthemen lassen sich viele Gerichte garnieren: Roastbeef, eine kalte Fleischplatte, Salate oder eine gemischte Vorspeise. (Ft. 23)

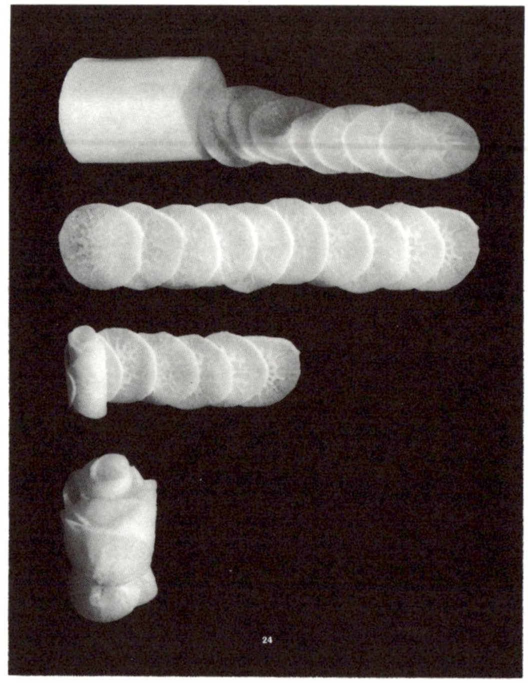

24

## Rosengarten

Selbst mitten im Winter können Sie Ihren Tisch mit Rosen dekorieren. Mit roten und weißen, die sich mit der Natur messen können, und blaßgrünen, die kein Gärtner je sah.

Nehmen Sie einen großen weißen Rettich, eine ungekochte rote Beete und eine Salatgurke. Das Gemüse abschälen und in feine, gleich dicke Scheiben schneiden – ein Gurkenhobel eignet sich vorzüglich dafür. Die Scheiben mit Salz bestreuen und zehn Minuten lang auf einer Seite liegen lassen; dies wird sie ein wenig entwässern und biegsamer machen. Abspülen und auf einem saugfähigen Papiertuch trocken klopfen.

Die Scheiben eines Gemüses in einer sich überschneidenden Reihe zusammenlegen. Von der letzten (obersten) Scheibe her aufrollen. Die Scheiben mit einer Hand zusammenhalten und mit der anderen ein Gummiband über das Ende der Rolle streifen und sie fest zusammenbinden. Mit einem scharfen Messer ein wenig vom Ende abschneiden, so daß die Rolle aufrecht steht. Die ›Blütenblätter‹ vorsichtig auffächern. (Ft. 24/25)

25

## Weiße Chrysanthemen

Mit ihrem Feuerwerk durchscheinender weißer Blütenblätter sieht diese Rettichblume einer weißen Chrysantheme geradezu unheimlich ähnlich. Einige davon, die aus einem einzigen großen Rettich geschnitten werden, bilden eine wunderschöne Tischdekoration. Obwohl die Herstellung an sich einfach ist, erfordert sie doch ein wenig Geschicklichkeit und eine gewisse Sorgfalt und eignet sich daher nicht für Kinder.

Wählen Sie einen großen, geraden weißen Rettich und schaben Sie die äußere Schicht der Haut ab. Jetzt ein etwa 8 cm langes Stück Rettich abschneiden. Es sollte gleichmäßig zylindrisch sein, sonst läßt es sich schwer verarbeiten.

Mit Hilfe eines Messers mit einer sehr scharfen, geraden Klinge den Rettich in einem endlosen Streifen aufschneiden, indem Sie der Krümmung des Zylinders folgen. Langsam schneiden, sonst zerbricht Ihnen der Streifen. Er sollte so dünn wie möglich sein – nicht mehr als 2 mm – wenn auch Ihre ersten Versuche vielleicht nicht so zart ausfallen! Wenn Ihnen der Streifen doch zerbricht, ist noch nicht alles verloren: Schneiden Sie bis zum Ende weiter – aber es ist besser, wenn der Streifen an einem Stück ist.

Die ›Blütenblätter‹ lassen sich auf zweierlei Art machen: Sie können den Streifen flach auf dem Tisch ausbreiten und wie bei einem Kamm viele dichte parallele Einschnitte über ⅔ der Breite des Streifens ausführen. Die Einschnitte sollten nur einen Abstand von 3 mm haben. Jetzt den Streifen aufrollen und am unteren Ende mit einem dünnen Gummiband befestigen.

Statt dessen können Sie den Streifen vor dem Schneiden aufrollen und dicht über dem einen Ende mit einem Gummiband zusammenhalten. Die Rolle aufrecht auf das Ende mit dem Gummiband stellen. Mit einem Messer vom oberen Ende der Rolle nach unten eine Reihe paralleler Schnitte machen, die bis hinunter zum Gummiband gehen. Die Einschnitte sollten etwa 3 mm Abstand voneinander haben.

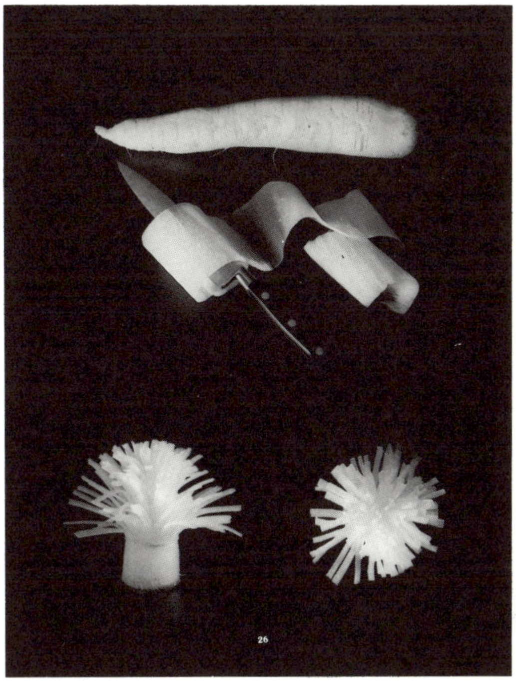

Den Rettich in kaltes Wasser legen, bevor und nachdem Sie die Blume machen. Versuchen Sie auch, dieselbe Chrysantheme mit anderen frischen Gemüsen zu machen, wie zum Beispiel Karotten. (Ft. 26)

## Eine romantische Rose

Was könnte romantischer sein als diese leuchtend rote Rose, deren geschlossene Blütenblätter vom Tau glänzen? Sie brauchen keinen Rosenstrauch in Ihren Garten zu pflanzen und zu warten, bis die Blüten kommen. Kaufen Sie einfach eine große rote Tomate, die es fast das ganze Jahr hindurch gibt.

Am besten eignet sich eine Tomate, die gleichmäßig rund ist, eine leuchtende Farbe hat und eine glatte, unbeschädigte Haut. Beginnen Sie, mit einem scharfen Messer die Haut in einer ununterbrochenen Spirale um die Tomate herum abzuschälen. Es macht nichts, wenn die Kanten nicht gerade sind – eine wellenförmige Umrißlinie wirkt sogar noch echter. Nun rollen Sie einfach die Spirale mit dem Fleisch nach außen auf, bis sie eine Rose bildet. Das ist alles!

Machen Sie diese Rose erst kurz bevor Sie sie verwenden wollen, da sie rasch ihr taufrisches Aussehen verliert. Die Rose kann viele Gerichte verzieren, Salate oder Platten mit Hors d'œuvres. (Ft. 27)

27

## Frühling mit Karottenblüten

Haben Sie noch nie etwas von Karottenblüten gehört? Sie wachsen in Ihrer Küche – im Frühling und das ganze Jahr hindurch.

Nehmen Sie eine große, gerade Karotte, schälen Sie diese und schneiden Sie mit einem langen, geraden Messer oder mit einem v-förmigen Schnitzmesser der Länge nach und in gleichmäßigen Abständen fünf v-förmige Kerben hinein. Die Kanten der Einkerbungen zurückschneiden, bis sie abgerundet sind (links oben im Bild).

Als nächstes die Karotte quer in etwa ½ cm dicke Scheiben schneiden. Nun eine Scheibe nehmen und fünf flache Markierungslinien auf einer Seite der Scheibe von der Mitte zu den fünf Kerben hin leicht einritzen.

Der nächste Schritt ist leichter: Man schneidet mit einem kleinen scharfen Messer an jeder

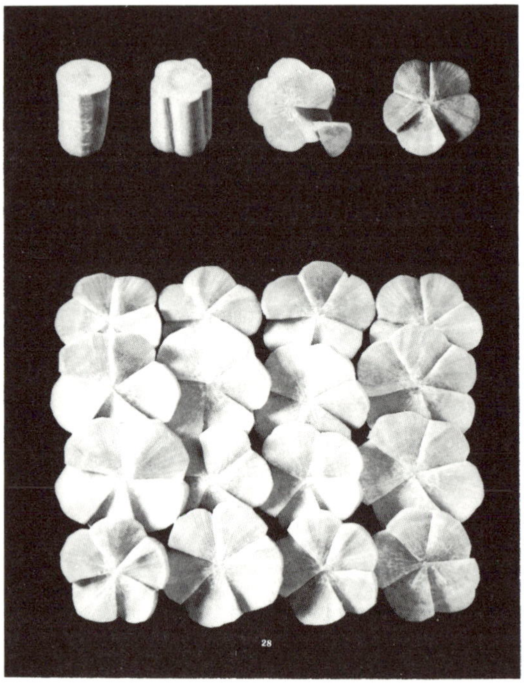

28

Markierungslinie einen kleinen Keil aus der Scheibe heraus, so daß ein ›Blütenblatt‹ entsteht. Achten Sie darauf, die Scheibe nicht durchzuschneiden. Die Karottenscheiben wirken durch die gestuften Einkerbungen plastisch wie Blüten. Die ersten Scheiben mögen Ihnen ein bißchen Mühe machen, aber Sie werden bald Übung haben und zügig arbeiten. Der eine oder andere mag es einfacher finden, die Keile am oberen Ende der ganzen Karotte herauszuschneiden; in diesem Fall Markierungslinien und Keile am oberen Ende der Karotte einschneiden und dann, wenn die Blüte eingeschnitzt ist, einfach eine Scheibe abschneiden. So weitermachen, bis die ganze Karotte aufgebraucht ist. (Ft. 28)

29

## Formel-1-Karotte

Dieses schnelle Gemüse wird einen rekordbrechenden Erfolg bei Kindern haben. (Ft. 29)

Wählen Sie für den Karottenrenner eine lange, gleichmäßig geformte Karotte wie etwa die in unserem Bild. Mit einem scharfen Messer den grünen Krautansatz abschneiden, der als Lenkrad dienen wird; dann vier etwa 1 cm dicke Scheiben für die Räder abschneiden.

In das verbleibende Karottenstück eine quadratische Kerbe schneiden: die Führerkabine, und dahinter einen gekrümmten Schnitt für das Wagenheck. Mit hölzernen Cocktailstäbchen die Räder am Wagenrumpf befestigen.

30

## Schiffe auf einem Suppenmeer

Diese stattlichen Schiffe und Boote sind in Wahrheit nicht ›seetüchtig‹. Wenn Sie sie auf eine Schüssel Suppe stellen, werden sie wahrscheinlich sinken – es sei denn, es ist eine fette, dicke Suppe oder die Schüssel ist sehr flach;

Machen Sie sich nichts daraus; Kinder werden trotzdem Spaß daran haben, die Schiffe zu bauen und damit zu spielen. Wir haben drei verschiedene Arten von Booten gemacht, aber Ihre eigene Phantasie wird noch viele andere Formen erfinden. Wie wär's zum Beispiel mit einem U-Boot – mit Periskop, um über die Suppe zu sehen? Sie brauchen nichts weiter als einige große, frische, geschälte Karotten (oder Kartoffeln oder Rettiche) und ein kleines scharfes Messer. Den Schiffsrumpf aus einer großen Karotte ausschneiden und aushöhlen. Weitere Karottenwürfel, -scheiben und -zylinder schneiden, aus denen Sie die Kommandobrücke, den Schornstein, die Ruder und die Segel machen. Unsere Segel wurden mit einem Stengel als Mast geschnitzt und in einen kleinen Schlitz im Bootsrumpf gesteckt; aber Sie können genauso gut Stücke von Cocktailstäbchen oder Streichhölzern benutzen, um die Stücke zusammenzufügen. (Ft. 30/31)

## Karottennelke

Es ist erstaunlich, wie schöpferisch man mit Karotten sein kann. Mit ihrem festen Gewebe, ihrer leuchtenden Farbe, ihrem niedrigen Preis sind sie ideal für Küchenbasteleien, und die Ergebnisse können höchst originell aussehen. Hier haben wir eine sehr attraktive Blume, die allerdings einige Geschicklichkeit erfordert.

Am besten nimmt man eine große, nicht zu frische Karotte. Sie darf sogar fast weich sein. Neue Karotten sind manchmal so saftig frisch, daß sie brechen können, wenn Sie Ecken einschneiden.

Die Karotte schälen und ein etwa 6 cm langes, zylindrisches Stück abschneiden. Auf einer Seite dieses Zylinders mit einem scharfen Küchen- oder Linolschnittmesser einige Längsrillen schneiden.

Jetzt – und das ist der schwierigste Teil – das Karottenstück mit der eingekerbten Seite nach

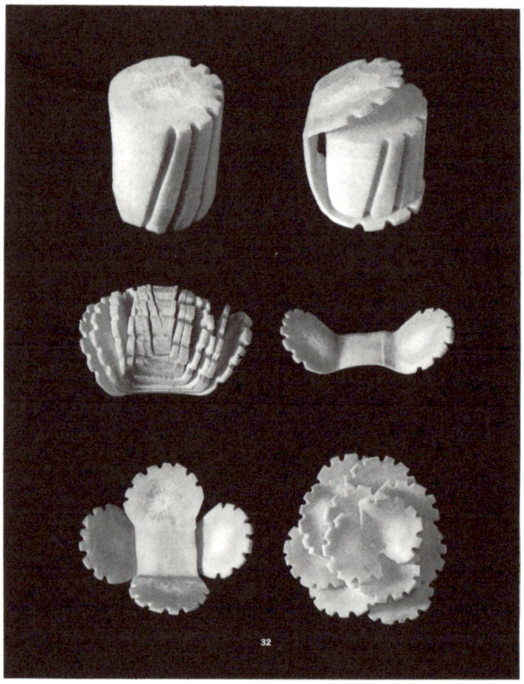

oben in eine Hand nehmen, mit dem Messer in der Hand eine dünne Scheibe herunterschneiden, angefangen bei den Rillen der oberen Seite, über die Längsseite des Karottenzylinders bis zur Unterseite, so daß Sie eine u-förmige dünne Karottenscheibe mit eingekerbten Enden erhalten.

Diesen U-Schnitt auf der verbleibenden Karotte wiederholen und immer kleinere Scheiben schneiden, bis keine mehr übrig sind. Jetzt die erste, größte Scheibe hinlegen. Die zweite Scheibe im rechten Winkel daraufsetzen. Die übrigen Scheiben jeweils in einem anderen Winkel zur vorherigen darauflegen. Eine Nadel mit Glaskopf durch die Mitte der obersten Scheibe stechen, um alle zusammenzuhalten. Die Karottennelke bleibt in kaltem Wasser frisch, wenn Sie sie nicht sofort verwenden. (Ft. 32)

## Vegetarische Blumentöpfe

Diese Blumentöpfe lassen sich ganz leicht aus einer großen Karotte schneiden. In die obere Mitte bohren Sie ein mehr oder weniger großes Loch, in das Sie – wie auf unserem Foto – ein Sträußchen Petersilie, Radieschen-Blüten, eine Artischocke oder auch Rettich- oder Zwiebelblüten stecken. Schon haben Sie eine Kollektion schönster Blumentöpfe als Dekoration für ein kaltes Buffet. Ihrer Phantasie sind keine Grenzen gesetzt. (Ft. 33)

34

## Verrückter Vogel

Das ist bestimmt der seltsamste Vogel, den Sie je gesehen haben, er wurde aus einer Artischocke gemacht. Sie können eine rohe oder auch eine gekochte verwenden. Es gibt keinen Grund, warum der Vogel (außer seinem komischen Kopf) nicht wie jede andere Artischocke gegessen werden sollte, nachdem Ihre Gäste

35

Ihren Humor und Einfallsreichtum bewundert haben. Wenn Ihre Dekoration jedoch ein wenig länger halten soll, ist eine rohe Artischocke vorzuziehen.

Die harten Spitzen von den oberen, innersten Blättern abschneiden, so daß man die Artischocke umgekehrt mit ihren Blättern nach unten aufstellen kann. Dann trennen Sie sechs Blätter davon ab. Ein Blatt stellt das Gesicht dar. Bei zwei Blättern, die als Ohren dienen sollen, den Rand mit jeweils drei bis vier Schnitten einkerben. Das vierte Blatt, das zum Kamm wird, einmal in der Mitte einschneiden. Die restlichen beiden Blätter mit ihren spitzen Enden aufeinanderlegen, so daß sie einen Schnabel bilden. Diese sechs Blätter mit hölzernen Cocktailstäbchen jeweils an der richtigen Stelle am Artischockenstrunk befestigen. Die Augen bestehen aus zwei Radieschenscheiben, die mit Stecknadeln mit schwarzen Glasköpfen festgemacht werden. Wetten, daß dieser Vogel ein Erfolg wird? (Ft. 34/35)

## Apfeltulpe aus Amsterdam

Ob diese elegante Blüte auf einem der berühmten holländischen Tulpenfelder wächst? – Nein, sie fiel von einem Apfelbaum. Sie sieht beeindruckend aus, aber sie läßt sich ganz leicht herstellen.

Einen großen, roten Apfel blank reiben und den Stiel entfernen. Achten Sie darauf, daß er gleichmäßig und gerade auf seiner Unterseite steht. Den Apfel vierteln. Ein Viertel auf die Seite legen und (mit einem scharfen, geraden Messer) vorsichtig 5 mm von der Schnittfläche entfernt und parallel dazu hineinschneiden und 5 mm vor der Unterseite aufhören. Das Viertel auf die andere Seite drehen und den Schnitt wiederholen und wieder einhalten, wenn die zwei Schnitte sich im rechten Winkel verbinden; Sie sollten jetzt ein v-förmiges Stück Apfel haben und ein kleineres Viertel.

Machen Sie in das Viertel weitere solche Einschnitte, bis Sie es aufgebraucht haben.

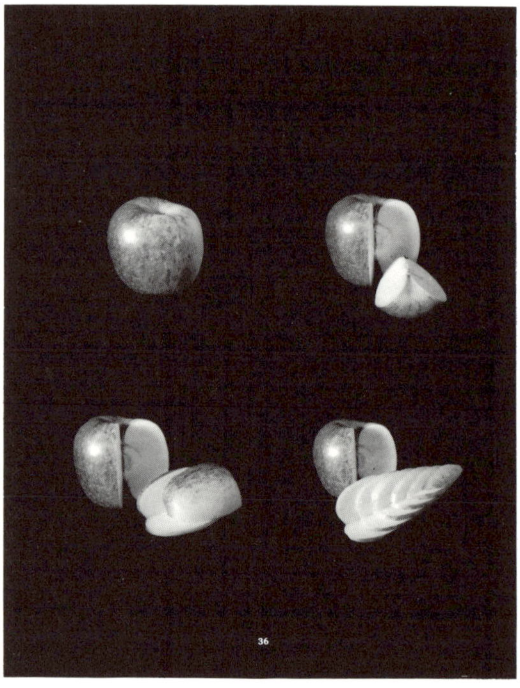

36

37

Nun jedes Stück in gestaffelten Abständen in die Innenseite des nächsten legen und leicht zusammendrücken. Der Saft des Apfels hält die Stücke zusammen. Die Schnitte in den anderen drei Apfelstücken wiederholen und alle vier Viertel zusammenfügen. Sie halten sich so über Stunden. Wenn Sie jedoch wollen, daß die Tulpe eine Weile frisch aussieht, dann bestreichen Sie die Schnittflächen mit Zitronensaft, bevor Sie sie zusammenfügen, um eine Verfärbung zu vermeiden. Verwenden Sie Apfeltulpen z. B. als Garnierung für eine Käseplatte. (Ft. 36/37)

## Kleiner grüner Vogel

Es ist kalt – dieser kleine Vogel hat den Kopf eingezogen und das Gefieder aufgeplustert. Er wäre eine zauberhafte Dekoration für eine Obstschale, und aus einer Auswahl grüner, roter und gelber Äpfel würde eine Vogelschar so bunt wie Paradiesvögel entstehen.

Wir haben einen schimmernden grünen, gleichmäßig runden Kochapfel verwendet. Achten Sie darauf, daß er keine Druckstellen im Fruchtfleisch oder Schadstellen an der Schale hat. Die Schnitzanweisung mag ein wenig kompliziert klingen, aber es geht alles deutlich aus den Bildern hervor. Der kleine Vogel wird auf ähnliche Weise wie die Apfeltulpe hergestellt.

Mit einem scharfen Messer einen vertikalen Keil aus dem Apfel ausschneiden, mit einem Innenwinkel von 90°. Als nächstes zwei solche rechtwinkeligen Keile in einer *horizontalen* Linie auf beiden Seiten des vertikalen Keils einschneiden.

Diese drei Keile auf die gleiche Weise wie bei der Apfeltulpe in v-förmige Segmente schneiden. Die Abschnitte auffächern und daraus zwei Flügel machen, indem Sie sie in die

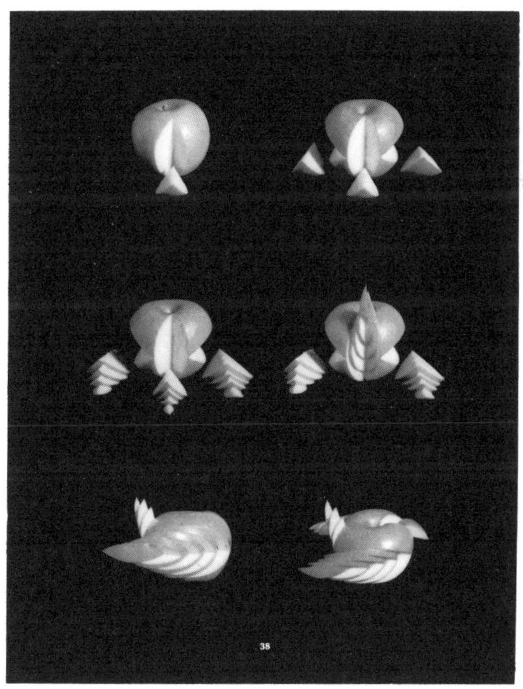

38

keilförmigen Einschnitte zu beiden Seiten des Apfels stecken. Den Schwanz auffächern und in den vertikalen Keil setzen, so daß er hochsteht. Die Säfte im Apfel kleben die Stücke zusammen, so daß sie nicht abfallen. Zuletzt einen kleinen Keil aus der verbleibenden, unbearbeiteten Apfelseite ausschneiden und das Stückchen etwas weiter vorn in den Einschnitt kleben; das ist der Kopf des Vögelchens. Damit die Schnittflächen des Apfels nicht braun werden, mit Zitronensaft bestreichen. (Ft. 38)

## Ananasspirale

Dies ist nicht nur eine sehr attraktive Art, eine Ananas zu reichen – sie läßt sich darüber hinaus so auch höchst angenehm essen, da dabei die zähen, faserigen Augen entfernt werden, von denen die Schale überzogen ist. Sie brauchen nur ein scharfes Messer, möglichst mit einer gezahnten Schneide.

Die rauhe Schale der Ananas ist wie mit Schuppen bedeckt, jede mit einem ›Auge‹ in der Mitte. Bei genauem Hinsehen stellen Sie fest, daß sich diese ›Schuppen‹ wie eine Spirale um die Frucht legen.

Beginnen Sie von unten her, die Schuppen wegzuschneiden, wobei aber genug Schale stehen bleiben muß, damit die Frucht eine feste Standfläche behält. Am besten machen Sie einen v-förmigen Einschnitt unter jeder Schuppe und gehen dann weiter von einer Schuppe zur anderen, indem Sie ihrer diagonalen Linie bis zur Spitze folgen. Dasselbe an der benachbarten Spirale wiederholen und so weiter, bis die Ananas ohne Schale ist. Ihr Fruchtfleisch liegt nun in einer strudelartigen Spirale frei. Um die Ananas zu essen, brauchen Sie die Spiralen nur nach unten durchzuschneiden, so daß die Frucht in Stücke zerfällt. Das zähe Mittelstück nicht mitessen. (Ft. 39)

## Wassermelonen-Schüssel

Sie sind sehr erfrischend, diese großen Sommer-Wassermelonen mit ihrem zinnoberroten Fleisch. Ihre dunkelgrün schimmernde Schale können Sie verzieren, wie es Ihre Phantasie erlaubt, z. B. mit einem hellen Wachskreidestift ein Muster auf die Melonenschale zeichnen oder mit einem Linolschnittmesser eine Rille entlang der Linien Ihres Musters schneiden, wobei die Schale entfernt wird, die dünne Unterhaut jedoch stehen bleibt, um durchzuschimmern.

Wenn Sie das Bild fertig haben, den oberen Teil der Melone abschneiden. Der Schnitt braucht jedoch kein einfacher Kreis zu sein, sondern könnte – wie bei unserer Melone – die Oberkante Ihres Musters bilden. Mit einem Löffel das Fleisch herausnehmen. Den Hohlraum mit Früchten füllen – zum Beispiel mit

Himbeeren wie auf unserer Abbildung – oder auch mit Fruchtsalat, der das Melonenfleisch (ohne die Kerne) enthalten könnte. Wenn die Wassermelone vollständig ausgehöhlt wird, könnte sie als Schüssel verwendet werden oder auch, mit Eis gefüllt, als eine ganz neue Art von Eiskübel für Getränke oder eine Flasche Weißwein dienen. (Ft. 40)

## Fruchtkörbchen

Fast jede Frucht oder jedes Gemüse mit einer hübschen Schale läßt sich in eine Art Körbchen verwandeln, wie diese Bilder zeigen. Die kontrastierenden Formen und Farben unterschiedlicher Früchte sind besonders attraktiv, und sie können mit verschiedenen Salaten gefüllt werden. Die ersten beiden – die grüne Paprikaschote und die Aubergine – lassen sich auch mit einer Mischung etwa aus Fleisch, Tomaten und gekochtem Reis füllen und im Ofen garen; aber sie verlieren dann ihre Form und ihren Schimmer und sind, obwohl sie gut schmecken, nicht mehr sehr dekorativ. Es ist hübscher, einfach das rohe Gemüse auszuhöhlen und mit einem Salat zu füllen. (Ft. 41)

Diese beiden Körbchen entstehen, indem man einfach den oberen Teil des Gemüses abschneidet. In der grünen Paprikaschote ist etwas weißes zähes Fleisch und eine Menge kleiner weißer Samen: beides entfernen. Die Aubergine hat ein weiches Mark voller kleiner Samen, das sich mit dem Löffel leicht herauslösen läßt.

Von der kleinen Melone wurde in einer Zickzacklinie ein Deckel abgeschnitten. Das Fruchtfleisch mit dem Samen in der Mitte wurde entfernt und die Frucht läßt einem das Wasser im Mund zusammenlaufen. Servieren

Sie sie entweder so oder mit einer Obstfüllung; oder mit einem echten Fruchtsaftgetränk, wobei der Strohhalm durch ein Loch im Deckel gesteckt wird. Die Ananas sollte halbiert und das Fruchtfleisch mit einem Löffel oder Messer herausgelöst werden. Das Mittelstück ist sehr zäh, und man muß deshalb aufpassen, nicht mit dem Messer auszurutschen und die Schale zu durchstechen. Dies ist ein reizender Korb für Fruchtsalat, den man mit Kirschlikör beträufelt, oder für Ananaseiskrem.

Der kleine Orangenkorb sieht genauso aus wie die Zitronenkörbe auf S. 118, ist jedoch leichter zu machen. Einfach die Schale auf jeder Seite vom oberen Teil der Orange aus bis zur Hälfte herunterschneiden. Eine Zickzacklinie ausschneiden, wobei das Messer bis zur Fruchtmitte durchgestochen wird. Nicht die Unterseite des Henkels durchschneiden. Die Orangenstückchen herausnehmen und das Fleisch auf der Innenseite des Henkels herausschneiden – wobei immer vorsichtig darauf zu achten ist, daß er nicht reißt. Das Fruchtfleisch im unteren Teil des Orangenkörbchens herauslöffeln und evtl. mit einem Fruchtsalat vermischen. Dieser kleine Orangenkorb ist ein ideales Gefäß für Orangeneis aus echtem Orangensaft. Zuletzt mit ein, zwei frischen Pfefferminzblättern garnieren.

Der Kokosnuß-Korb erfordert die robustesten Werkzeuge von allen Vorschlägen in diesem Buch: einen Handbohrer und eine Säge. Zuerst die drei kleinen runden Mulden an der Oberseite der Kokosnuß durchbohren. Die Kokosmilch herausgießen; sie ist für sich ein schmackhaftes Getränk, kann aber auch mit Fruchtsaft vermischt werden.

Dann die Kokosschale in etwa ⅓ Höhe durchsägen. Das ist wieder ein hübscher Behälter für Eiskrem, Getränke oder Fruchtsalat. Nach Gebrauch den Deckel mit einem Stück Draht, der durch die Löcher gesteckt wird, in einem Baum für die Vögel aufhängen; sie werden mit Begeisterung daran herumpicken. Das Kokosnußfleisch sollte herausgeschnitten und gegessen werden – für sich, mit Früchten oder als Beilage zu einem indischen Curry.

## Der Kürbistopf

Ein großer Kürbis ergibt eine Menge schmackhafter, preiswerter Suppe – eine reizvolle Ergänzung zu einer Barbecue-Party. (Ft. 42)

Züchten oder kaufen Sie einen großen, reifen Kürbis. Mit einem scharfen Messer einen Kreis um die Spitze des Kürbisses schneiden, wobei die Messerklinge im diagonalen Winkel zur Kürbismitte zeigen sollte und nicht im rechten Winkel. Das Fruchtfleisch unter der Schalenscheibe wegschneiden, bis dieser ›Deckel‹ leer ist. Aus der Mitte der Frucht das

Mark und die Samen mit einem Löffel herauslösen. Kürbis läßt sich auf mindestens zweierlei Art kochen:

*Kürbis- und Krabbensuppe*

Mit einem Messer und einem Löffel das Kürbisfleisch aus dem Inneren herausschneiden, aber 1 cm breit an der Rinde lassen. Eine große Zwiebel zerkleinern. In einem Topf bei mäßiger Hitze mit ein wenig Butter weichdünsten. Die Kürbisstücke dazugeben und mit reichlich Hühnerbrühe auffüllen. Schmoren lassen, bis der Kürbis sehr weich ist. Auskühlen lassen und dann im Mixer pürrieren. Etwas Milch dazugeben und mit Salz, Pfeffer und einer Prise Kräuterwürze abschmecken. Einige geschälte, gekochte Krabben dazugeben – die Menge hängt von der Suppenmenge ab, aber es dürften etwa 100 g Krabben pro 500 ccm Suppe sein. Probieren und gegebenenfalls nachwürzen. Die Suppe im Kochtopf wieder aufwärmen und unmittelbar vor dem Servieren in den Kürbistopf schütten.

*Suppe im Kürbis*

Die Samen und das zähe Innere des Kürbisses entfernen, das Kürbisfleisch aber darin lassen. In das Loch in der Mitte der Frucht Hühnerbrühe gießen, bis es etwa ¾ voll ist. Den Kürbisdeckel wieder daraufsetzen und den Kürbis vorsichtig in den auf sehr niedrige Temperatur eingestellten Backofen setzen. Etwa vier bis sechs Stunden lang garen lassen, wobei Sie den Kürbis jede halbe Stunde öffnen und darin rühren, um das Fruchtfleisch zu lösen. Wenn der Kürbis bis zu 1½ cm vor der äußeren Schale gar ist, ist er fertig zum Servieren. Mit Salz, Pfeffer, Kräutern und Gewürzen abschmecken.

## Jonglierfrüchte

Jeder Zirkus-Jongleur wäre entzückt, wenn er diese prächtigen Bälle in die Luft werfen dürfte: Bringen Sie einen Hauch von Zirkusstimmung in eine Kinderparty, indem Sie in Orangen (oder Zitronen oder Grapefruits) Muster einschnitzen.

Nehmen Sie Früchte mit einer dicken, unversehrten Schale. Mit einem Kugelschreiber oder Filzstift das Muster auf der Orangenschale vorzeichnen. Mit einem Stechbeitel ihrem Muster folgen, indem Sie die äußere Schale gleichmäßig so wegschneiden, daß das Weiße freiliegt. (Achten Sie darauf, nicht in das Fruchtfleisch zu schneiden.) Das Weiße mit Zitronensaft bestreichen, damit es sich nicht verfärbt.

Nachdem sie damit gespielt haben, können die Kinder die Orangen essen. (Ft. 43)

# Kleines Orangenmännchen

Dieses kleine freche Männchen muß einfach nach dem ersten überraschten Blick darauf – Ihre Gäste zum Lachen bringen.

Machen Sie das Männchen aus einer großen, sauberen Orange mit ziemlich dicker Schale. Mit einem Kugelschreiber oder Filzstift auf der oberen Orangenhälfte die Form des Männchens rundherum vorzeichnen, und zwar so, daß sich der Stielansatz der Orange im Unterbauch befindet. Entlang der Umrißlinie des Männchens die Schale durchschneiden. Achten Sie darauf, nicht in das Fruchtfleisch zu stechen. Wenn der Umriß rundherum eingeschnitten ist, das Messer unter die Figur schieben und diese vom Fruchtfleisch lösen. Zuerst den Kopf losschneiden, dann die Arme und Beine, dann den Körper; nur den Stielansatz in der Mitte nicht losschneiden, sondern das Männchen sanft drehen und daran ziehen, bis sich der pelzige Stift aus dem Fruchtfleisch löst. Stellen Sie das Männchen mit der weißen Seite auf eine Orange und warten Sie auf den Lacherfolg. (Ft. 44)

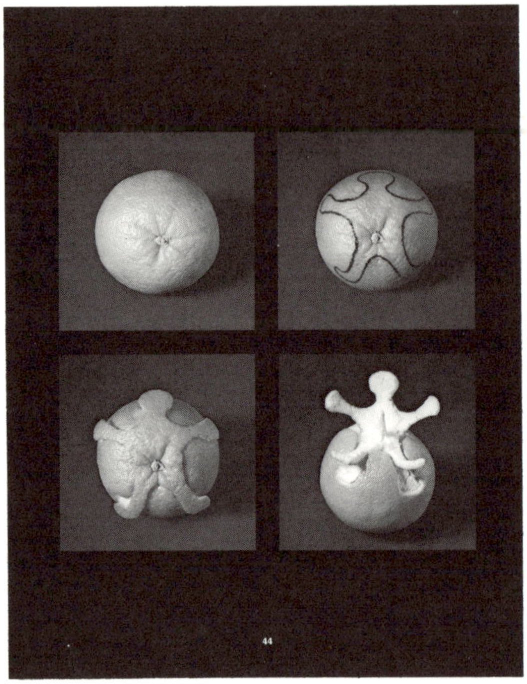

44

# Der weinende Chinese

Das kleine Orangenmännchen war zum Lachen, dieser traurige Chinese wird trotz seiner mitleiderregenden Miene zum Schluß auch ein Lacherfolg werden.

Eine Orange zur Hand nehmen und einfach seitlich zwei aufwärts weisende sichelförmige Einschnitte machen, die die Augen bilden. Beim Schneiden das Messer tief in das Fruchtfleisch stoßen. Dann unter den Augen eine weitere, nach unten zeigende Sichel als Mund einschneiden.

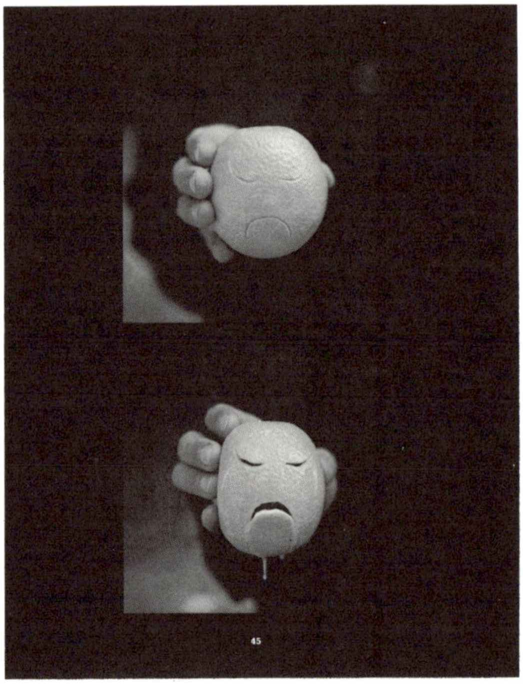

45

Um den Chinesen zum Weinen zu bringen, die andere Seite der Orange leicht zwischen Fingern und Daumen drücken. Die Tränen werden ihm in Sturzbächen aus den Augen strömen. Das sichtbare Elend läßt sich noch durch entsprechende Heul- und Wimmergeräusche akustisch untermalen. (Ft. 45)

## Gelbes Schweinchen

Dieses kleine Schweinchen können auch Kinder ganz leicht herstellen: Seine Ohren und Füße sind aus der Schale einer anderen Zitrone ausgeschnitten. Kleine Kerben in das Schwein schneiden und die Stückchen hineinstecken. Seine leuchtenden Augen bestehen aus Stecknadeln mit Glasköpfen; vergessen Sie nicht, sie zu entfernen, wenn Sie die Zitrone verzehren wollen. Der Ringelschwanz des Schweins wird aus einer weiteren Zitronenscheibe geschnitten: ein Ende des Ringelschwanzes in einen winzigen Einschnitt am Hinterteil des Tiers stecken.

Das Schwein darunter wurde speziell für eine Cocktail-Party abgewandelt. Die Mitte der Zitrone in Scheiben schneiden und die Scheiben eine nach der anderen auf ein Cocktailstäbchen spießen: die Enden des Cocktailstäbchens in das Hinter- und das Vorderteil des Schweins stecken. Sie können in der Mitte noch weitere Scheiben aus einer anderen Zitrone hinzufügen, so daß ein langes gelbes Schwein entsteht. Und wenn Sie eine Zitronenscheibe brauchen, um ein Getränk damit zu garnieren, nehmen Sie einfach eine von dem Schwein. Es wird immer kleiner und kleiner werden . . . (Ft. 46)

46

## Zitronenkörbchen

Diese beiden Körbchen sind eine hübsche und nützliche Dekoration für Fischgerichte oder ein Sommerbuffet. Ihre Freunde werden darüber rätseln, wie die Körbchen unlösbar ineinander verschränkt wurden. Des Rätsels Lösung ist ganz einfach, aber die Körbchen müssen vorsichtig geschnitten werden, und so sollten Sie ein paar Zitronen mehr kaufen und sich, wenn Sie Zeit haben, darin üben. Wählen Sie gleichmäßig runde Zitronen mit glatter Schale. Wir haben das ›Schnittmuster‹ auf die Zitrone gezeichnet, und Sie werden es zumindest beim ersten Mal hilfreich finden, es genauso zu machen.

Vorsichtig beiderseits der Mitte die Schale – nicht das Fruchtfleisch – durchschneiden, indem Sie den parallelen Linien des aufgezeichneten Henkels folgen.

Dann mit großer Sorgfalt die schmale Messerspitze zwischen den geschnittenen Linien unter die Schale schieben, bis der Henkel vom Fruchtfleisch gelöst ist. Indem Sie die Zitrone ein wenig drücken, können Sie den Henkel an jeder Seite über die Schale streifen.

Jetzt die vorgezeichnete Zickzacklinie auf der Zitrone ausschneiden, indem Sie das Messer ganz bis zur Fruchtmitte durchstoßen. Dann das Fleisch von der Unterseite des Henkels wegschneiden, ohne dabei den Henkel selbst zu beschädigen.

Nachdem Sie zwei Zitronen zu Körbchen geschnitten haben, biegen Sie mit Geduld und Fingerfertigkeit die Hälften der beiden Zitronen zur Seite und verschränken die Körbchen ineinander. (Ft. 47)

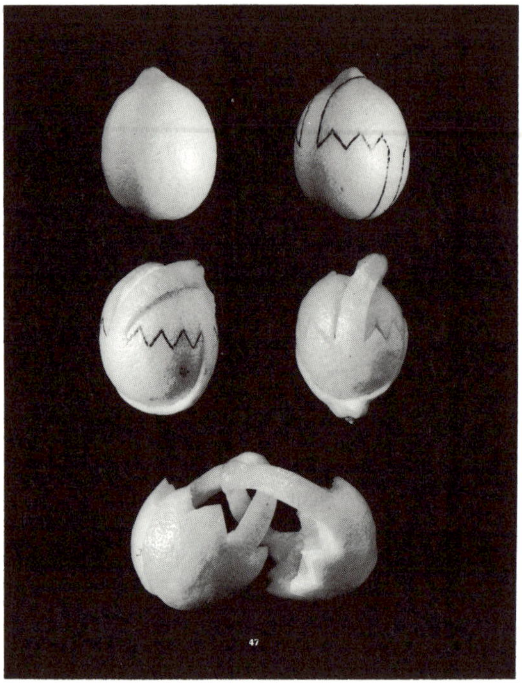

47

## Eiskrem-Clowns

Eine Kinderüberraschung für eine Party oder ein besonderes Sommerfest sind diese lustigen Clowns. Sie brauchen einen großen Becher Eis und einige Waffelbecher und -tütchen. Mit dem Eisportionierer eine schöne runde Kugel Eis aus der Packung nehmen (das geht ganz leicht, wenn Sie den Eisformer zuvor in warmes Wasser tauchen). Das Eis auf einen Waffelbecher setzen und eine Eistüte darauf stülpen. Jetzt ein lustiges Gesicht dekorieren: mit Rosinen als Augen, einem Cashewkern (keinem gesalzenen!) als lächelndem Mund, einer Haselnuß oder Mandel als Nase. Den Clown sofort servieren oder bis zum Gebrauch im Tiefkühlfach aufbewahren.

Mit ein wenig Phantasie kann man die Clowns noch niedlicher machen. Zum Beispiel können Schokoraspeln als Haar dienen und glasierte Kirschhälften als rosarote Wangen. Nur die Zeit ist Ihr Feind: Wenn Sie sich zu viel Zeit dafür nehmen, den Clown zu dekorieren, kann er leicht schmelzen. (Ft. 48)

48

## Igel Stachelkopf

Er sieht nicht nur genauso liebenswert aus wie sein Gegenstück in freier Natur, sondern dieser Igel hat noch eine besondere Eigenschaft: Er schmeckt köstlich. Er ist nicht schwer zu machen, und er wird bestimmt die Bewunderung Ihrer Gäste ernten, auch Ihrer kleinen Gäste, die ihn möglicherweise zum Essen zu schön finden.

Folgende Zutaten brauchen Sie für den Igel:
Etwa 2 Dutzend Löffelbiskuits
250 g Puderzucker
250 g weiche Butter
1 Tasse starken Kaffee
100 g Mandelsplitter

Zuerst den starken Kaffee bereiten. Mindestens 3 Teelöffel Instant-Kaffeepulver oder 2 Teelöffel Kaffee und 1 Teelöffel Trinkschokolade verwenden und mit etwa 1 Tasse heißem Wasser auffüllen. Den Kaffee auskühlen lassen. Statt dessen können Sie auch im Handel erhältliche Kaffee-Essenz verwenden.

In einer großen Schüssel den Zucker und die Butter mit 1–2 Teelöffeln Kaffee verschlagen, bis die Mischung leicht und locker ist.

Die Hälfte des Biskuits mit dem verbleibenden Kaffee beträufeln und durchziehen lassen. Eine Schicht Löffelbiskuits auf die Kuchenplatte geben. Mit einer Lage Kaffeecreme bedekken, darauf eingeweichte Biskuits.

Mit einem scharfen Messer die Ecken wegschneiden, um eine ovale Form zu erzielen. Das Ganze mit einer dicken Schicht Kaffeecreme bedecken, die die Oberseite und die Ränder abrundet.

In einer Pfanne bei mittlerer Hitze die Mandelsplitter einige Minuten lang braun rösten. Abkühlen lassen und dann als Igelstacheln in die Kaffeecreme stecken. Ein Ende fürs Gesicht frei lassen: Zwei Rosinen oder Kirschen für die Augen nehmen und ein Stück Löffelbiskuit für eine kleine Schnauze. (Ft. 48)

## Tropenzauber

Eine üppige Blüte, nicht weniger exotisch als jede Dschungelblume, scheint sich der Sonne zu öffnen. Bei näherem Hinsehen zeigt sich, daß die ›Blütenblätter‹ von glitzerndem Saft gesättigt sind. Und wenn man das süße, zarte Fruchtfleisch probiert, weiß man, daß diese tropische Blüte in Wirklichkeit eine köstliche reife Mango ist. Diese Art der Zubereitung hat den Vorteil, daß sich die Frucht so sehr gut essen läßt. (Ft. 49)

Sie brauchen nichts weiter als eine reife Mango und ein Holzstöckchen, etwa 15 cm lang. Mit einem scharfen Messer ein Ende des Stöckchens sorgfältig anspitzen. Mit einem Hammer die Stockspitze am Stielansatz in das breitere Ende der Mango klopfen, bis der Stock im großen Stein in der Mitte der Frucht sitzt. Am besten befestigen Sie den Stock in der

49

ungeschälten Frucht, denn eine geschälte Mango gleitet sehr leicht aus den Händen.

Die Frucht wie einen Lutscher am Stiel halten, zunächst schälen und dann mehrere diagonale Einschnitte in die Seite der Frucht machen, um daraus die ›Blütenblätter‹ zu bilden. Nicht das Fleisch wegschneiden, aber so weit einschneiden, bis das Messer auf den Stein trifft. Bevor Sie das Messer herausziehen, die Schneide leicht seitwärts drehen, um das ›Blütenblatt‹ von der Frucht wegzuschieben. Nachdem Sie die Frucht ringsum eingeschnitten haben, soll sie wie eine Blume mit halb geöffneten Blütenblättern wirken. Nun kann man die Mango wie ein Eis am Stiel essen.

## Südsee-Insel

Die Ananas ist eine tropische Frucht. Ihr Geschmack weckt Sehnsüchte nach Sonnenschein und Ferien in der Karibik. Was läge da näher, als Ananas in Form dieser Südsee-Insel mit zwei Palmen zu servieren? Ihre großen, grünen Blätter wölben sich über einen goldenen Strand und überschatten Trauben von Kokosnüssen. Ein idyllischer Anblick!

Um Ihre tropische Träumerei in die Realität umzusetzen, wählen Sie zwei reife Ananasfrüchte mit vielen frischen, grünen Blättern an der Spitze. Die rauhe äußere Schale der Ananas abschälen, aber eine breite Grundfläche dranlassen, auf der die Frucht fest stehen kann. Das Ananasfleisch rund um die Frucht wegschneiden, bis Sie den zähen Strunk erreichen. Die Blätter, der Strunk und die Standfläche bleiben übrig, so daß der Rest der Frucht immer noch aufrecht steht.

Für den Strand müssen Sie das Ananasfleisch in kleine Stückchen schneiden. Die Ananaspalmen auf eine flache, runde oder ovale Schale stellen und die Standflächen mit dem zerschnittenen Fruchtfleisch zudecken. Um das Aroma zu verfeinern, können Sie die Ananasstückchen mit Kirschlikör beträufeln. Die ›Kokosnüsse‹ sind schwarze Trauben, die mit Nadeln an den oberen Enden der Strünke befestigt oder direkt auf kleine, spitze Blätter gespießt werden. Wenn Sie eine noch realistischere Wirkung wünschen, stellen Sie die Schale auf ein dunkelblaues Tischtuch, das wie das tropische Meer aussieht. (Ft. 50/51)

## Die tolle Kaktus-Schau

Kakteen in ihren phantastischen Formen erheben sich aus dem Sand und aus Felsen in der Wüste, die allem Leben feindlich ist. Einige Kakteen sind groß, schlank und anmutig; andere gedrungen und sogar bizarr in der Form. Aber selbst die merkwürdigsten Kakteen bringen von Zeit zu Zeit Blüten von auffälliger Schönheit hervor.

Kakteen wachsen bekanntermaßen langsam, und es kann Jahre sorgfältiger Pflege in Anspruch nehmen, um eine so phantastische Sammlung wie diese zu züchten. Jeder Kaktus ist ein Blickfang für sich: Zusammen bilden sie eine aufregende Kollektion; sie sind nicht gezüchtet, sondern aus Früchten und Gemüsen hergestellt, die Sie leicht und billig besorgen können. (Ft. 52/53)

Die Grundmethode ist für die meisten dieser Kakteen gleich. Einen sauberen Blumentopf aus Ton verwenden (die aus Plastik sind nicht schwer genug). Aus starker Pappe eine Scheibe ausschneiden, die am oberen Rand in den Blumentopf paßt, etwa zwei Zentimeter unter der Kante. (Die Scheibengröße stellen Sie natürlich fest, indem Sie den Durchmesser des Topfes in dieser Höhe messen und durch zwei teilen. Den Zirkel auf dieses Maß einstellen und einen Kreis auf der Pappe zeichnen.) Die ausgeschnittene Pappscheibe in den Topf einpassen und mit einer Messerspitze oder einer Schere ein kleines Loch in die Mitte schneiden.

Einen Holzstab zur Hand nehmen – einen dicken (etwa 1 cm Durchmesser) für schwere Früchte oder Gemüse, einen weniger dicken für leichtere – und die Frucht fest darauf spießen. Den Stab durch das Loch in die Pappscheibe stecken, bis zum Loch im Blumentopfboden. Den Stock in der Höhe des Bodens abbrechen oder abschneiden. Die Frucht auf dem Stock hinunterschieben, bis sie auf der Pappscheibe ruht. Durch die Verankerung im Loch des Blumentopfes kann sich das Holzstöckchen nur wenig bewegen, und so dürfte es der Frucht festen Halt geben. Von dieser untersten Frucht können Sie entweder auf demselben Stock aufbauen oder kleine Holzstöckchen bzw. Zahnstocher benutzen, um weitere Elemente anzubringen, was von der Größe und dem Gewicht Ihres Kaktus' abhängt. Man kann die Pappscheibe anmalen oder mit Reis oder getrockneten Bohnen bedecken, die wie kleine Steine aussehen.

Schauen wir uns einige dieser Kakteen einmal genauer an: 1) Drei Kiwi-Früchte sehen mit ihrer flaumigen Haut sehr realistisch aus. An der Spitze öffnet sich gerade eine kleine Blüte: Sie besteht aus einem Radieschen. 2) Dieser Kartoffelkaktus wirkt wie eine moderne Skulptur. Benutzen Sie die unregelmäßigsten Knollen für richtig verrückte Effekte. 3) Ein Bündel Courgettes (Zucchini) stellt seine hübsche Farbe zur Schau. Jede Frucht ist mit einem eigenen Holzstab befestigt, der durch ein separates Loch in der Pappe gesteckt wurde. Eine Radieschenblüte ist das Tüpfelchen auf dem i. 4) Einige Kakteen sind groß und kuppelförmig: Eine halbe Melone läßt sich in einen auffälligen Kaktus verwandeln. Hier brauchen Sie kein Stäbchen: Setzen Sie sie einfach auf die Pappe oder in den Blumentopf. Essen Sie aber vorher das Fruchtfleisch. Radieschenblüten werden mit Zahnstochern befestigt. 5) Diese seltsamen Früchte entpuppen sich als Kürbisse, die in eine flache Schüssel mit Reis oder weißen Körnern gesetzt werden und zuletzt eine Radieschenblüte erhalten. 6) Mangos mögen für eine solche Schau etwas teuer und exotisch erscheinen, aber man kann sie hinterher immer noch essen, und ihre Farben sind großartig. Eine winzige Tomate sieht wie eine Knospe aus.

7) Dieser Kaktus scheint aus der texanischen Wüste und nicht aus der Küche zukommen. Er wird aus Gürkchen unterschiedlicher Größe gemacht. Sie können alle möglichen Formen erfinden. 8) Dieser Riesenkaktus mit seiner wunderschön gesprenkelten Haut wurde aus drei Wassermelonen gemacht, deren Enden in gleichem Durchmesser abgeschnitten wurden, so daß sie zusammenpassen. 9)Eine umgedrehte Ananashälfte setzen Sie einfach auf die Pappe und füllen den Rand mit Reis und Bohnen auf. 10) Eine andere seltsame Frucht, die wie eine Gurke aussieht, ist in Wahrheit ein Kürbis. 11) Hier ist nun schließlich etwas völlig anderes – chinesische Früchte, die auf einen langen Holzstab gespießt werden. Suchen Sie in exotischen Spezialitätengeschäften nach weiteren ungewöhnlichen und attraktiven Früchten. 12) Dieser wirklich bizarre Kaktus hat einen silbrigen Schimmer: Er wird aus frischer Ingwerwurzel gemacht, deren Stücke mit Zahnstochern zusammengehalten werden.

## Kartoffeldruck

Einfache Papierservietten sind sehr nützlich, aber ziemlich langweilig. Dekorieren Sie sie mit Bildern und Botschaften, um Ihrem Tisch eine hübsche, persönliche Note zu geben. Alle Kinder machen in der Schule Kartoffeldruck, aber es ist nicht einzusehen, warum diese billige und kreative Kunstform den jüngeren Mitgliedern der Gesellschaft vorbehalten sein sollte.

Sie brauchen: ein paar große, frische, rohe Kartoffeln; einige Wasserfarben in leuchtenden Tönen, ein kleines scharfes Messer und ein Linolschnittmesser, einen Pinsel und einen Filzstift.

Die Kartoffel säubern und halbieren. Mit dem Filzstift Ihre Muster auf die Schnittflächen aufmalen. Falls Sie Wörter schreiben wollen, beachten Sie, daß Sie die Buchstaben spiegel-

bildlich schreiben müssen. (Versuchen Sie es zuerst auf einem Stück Papier, drehen Sie es dann um und halten Sie es gegen Licht, um zu sehen, ob Sie richtig geschrieben haben).

Die Muster mit einem Messer oder einem Linolschnittmesser ausschneiden, entweder in Relief oder Flachrelief – das heißt, Sie können das Muster wegschneiden oder den Hintergrund, was jeweils eine unterschiedliche Wirkung ergibt. Die Farbe Ihrer Wahl auf die zurechtgeschnittene Oberfläche pinseln. Für einen Augenblick die Kartoffel auf die Papierserviette drücken. Nehmen Sie sie weg – und bewundern Sie Ihren Druck. Mit immer neuen Farbschichten können Sie mit Ihrer Kartoffel eine Menge Drucke machen. Sie können sogar dieselbe Kartoffel für einen kleineren Druck verwenden, indem Sie den benutzten Teil abschneiden und mit einem neuen Entwurf von vorne beginnen. (Ft. 54/55)

## Eine Schmetterlingssammlung

Um einen solchen Schmetterling herzustellen, schneiden Sie eine dünne Scheibe von einer Frucht ab und halbieren sie der Länge nach. Vorsichtig um die halbe Scheibe herum die Schale lösen, aus der die Schmetterlingsfühler entstehen. (Ft. 56)

Die Schmetterlinge müssen flach liegen und eignen sich daher ideal zum Garnieren von Sülzen und Süßspeisen. Wenn man sie auf Käse- oder Fleischplatten legt, verwandeln sie ein kaltes Buffet in einen Sommergarten.

Diese Schmetterlinge (von der oberen Reihe nach unten) wurden aus folgenden Gemüsen und Früchten gemacht: Erdbeeren (auf zweierlei Art); Champignons (halbiert oder in Scheiben geschnitten); Tomate; Gurke (zwei Arten); Orange, Apfel; wiederum Gurke; Zitrone; Kiwi; Rettich; Karotte. Warum nicht Ihre Sammlung durch weitere Arten bereichern?

## Das Mandarinenlicht

Dies ist eine einfache, aber so wirkungsvolle Idee, daß Sie nie mehr eine Mandarine essen können, ohne sich versucht zu fühlen, diese Kerze daraus zu machen: Wählen Sie eine hübsche, gleichmäßig runde, kernlose Mandarine (Satsuma) mit einer sauberen, glatten Schale. An der dicksten Stelle halbieren. Die Hälfte mit dem dunklen Stielansatz in der Mitte nehmen. Die halben Mandarinenscheiben mit einem kleinen Teelöffel herauslösen; die weiße Innenfläche der Schale heil lassen. Achten Sie auch darauf, nicht den weißen Faserstift in der Mitte abzubrechen.

Wenn die Mandarinenschale leer und sauber ist, füllen Sie sie bis fast zur Spitze des weißen Stifts mit flüssigem Kerzenwachs. Ein paar Minuten stehen lassen – damit das Wachs fest wird – oder bis Sie die Lampe gebrauchen wollen. Zum Anzünden halten Sie ein brennendes Streichholz oder einen Wachsstock an die Spitze des weißen Stifts wie an einen Kerzendocht bis er anfängt, von selbst zu brennen; das mag eine Weile dauern, aber er wird bald Feuer fangen.

Die Kerze brennt mit einem köstlichen Mandarinenduft und gibt ein sanftes, golden schimmerndes Licht. Übrigens, wenn Sie beim Aushöhlen der Schale aus Versehen den weißen Stift abbrechen, ist noch nicht alles verloren. Ein kurzes Stück von einem dünnen Faden abschneiden und in die Mitte des flüssigen Wachses tauchen, bis er stehen bleibt, und diesen als Docht benutzen. Auf diese Weise können Sie auch die andere Hälfte der Schale benutzen und zwei Leuchten aus einer Mandarine machen. (T. 57)

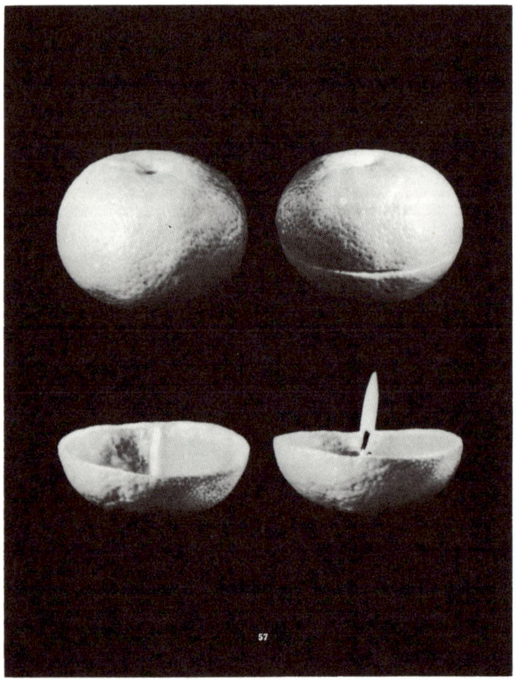


## Bananenscheiben in der Schale

Hatten Sie eine gute Mahlzeit? Bieten Sie doch einmal zur Abwechslung einem Kind oder einem Freund eine Banane als Nachtisch an, und fordern Sie den kleinen oder großen Freund auf, sie in Scheiben zu schneiden, ohne ein Messer zu benutzen. Natürlich werden Sie zur Antwort bekommen, daß das nicht möglich ist. Dann können Sie den verwunderten Ausdruck auf seinem Gesicht genießen, wenn er die Banane schält und sie bereits in Scheiben geschnitten vorfindet!

Dieser Trick ist ganz einfach zu machen, aber nicht so leicht zu beschreiben: Nehmen Sie eine schöne, saubere Banane mit fester Schale und eine lange Nadel oder Hutnadel zur Hand. Drücken Sie die Nadel dicht an

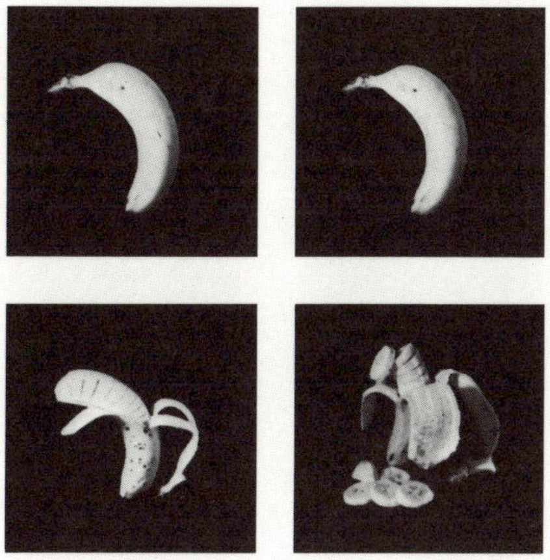

58

einem Ende in die Banane (Abb. 2) aber stechen Sie die Banane nicht auf der anderen Seite durch; die Nadel sollte das Fruchtfleisch bis zur gegenüberliegenden Innenseite der Schale durchdringen. Jetzt bewegen Sie die Nadel vom Einsteckpunkt aus in der Banane von einer Seite zur anderen. Ziehen Sie die Nadel halb heraus und machen Sie eine Reihe kürzerer Bewegungen im weiten Winkel, und ziehen Sie die Nadel dann ganz heraus. Die Nadel wieder etwa 1 cm weiter zur Mitte hin einstechen und die Bewegungen von einer Seite zur anderen wiederholen. Sie können sich vorstellen, wie die Nadel das Bananenfleisch in der Schale durchschneidet. Wiederholen Sie dies über die ganze Länge der Banane. Das ist alles – bis die Banane geschält wird und auf wundersame Weise in Scheiben zerfällt! (T. 58)

## Der zerbröckelnde Apfel

Das Schöne an diesem Trick ist – wie bei der Banane –, daß die Frucht ganz und unberührt zu sein scheint, so frisch, als sei sie gerade vom Baum gefallen. Aber – fordern Sie jemanden auf, den Apfel zu schälen, zerfällt er ganz einfach in Stücke.

Wählen Sie einen schönen, sauberen Speiseapfel aus und fädeln Sie einen längeren, festen weißen Zwirnsfaden in eine Nähnadel ein. Die Nadel auf einer Seite an der dicksten Stelle durch den Apfel stecken (Abb. 2). Durch die Einstichstelle ziehen und das lose Ende herunterhängen lassen. Jetzt einen weiteren langen Stich machen, indem Sie die Nadel genau an der Austrittsstelle des letzten Stichs hineinstechen. Den Zwirn durch den Stich ziehen, bis die Schlinge verschwindet. Machen Sie weitere lange Stiche rund um den Apfel, indem Sie jedesmal die Nadel an ihrem letzten Austrittspunkt einstechen, bis Sie wieder zum Anfang kommen, nämlich genau zu dem Punkt, wo das lose Ende des Zwirns herunterhängt (Abb. 6).

Jetzt die zwei Fadenenden durch ein kleines Loch in einem Gegenstand ziehen: das Loch in einem Knopf eignet sich ideal. Mit einer Hand den Knopf vor den Apfel halten, während Sie mit der anderen Hand vorsichtig am Zwirn ziehen, bis der Faden in ganzer Länge herauskommt (Abb. 8).

An diesem Punkt können Sie fühlen, wie der Apfel in zwei Hälften zerfallen wird. Um ihn jedoch in verschiedenen Stücke zusammenbröckeln zu lassen (Abb. 9), wiederholen Sie den Kreis von Stichen, aber in einem diagonalen Winkel zum ersten Kreis von Stichen. Dann machen Sie wieder in einem anderen Winkel einen dritten Kreis und noch weitere, wenn Sie mögen.

Bitten Sie einen Freund, den Apfel in einem Stück zu schälen. Sie können jede Wette

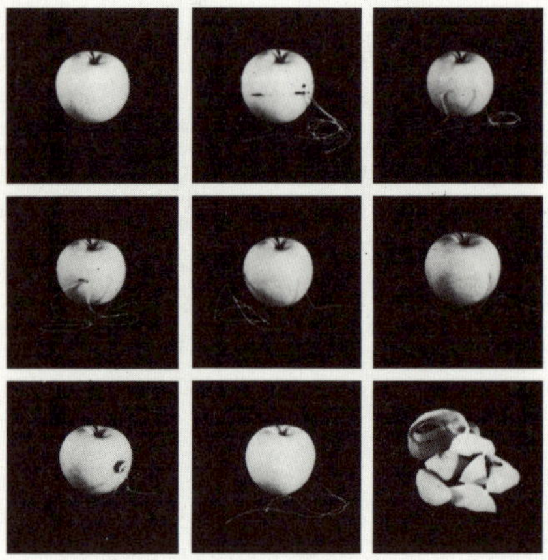

59

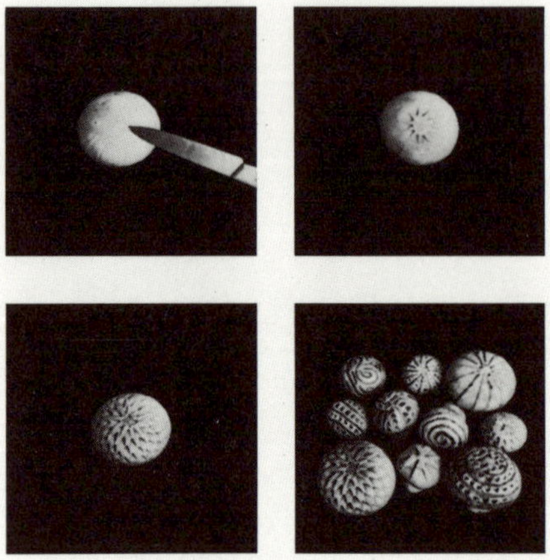

60

eingehen, daß es unmöglich ist! Aber passen Sie auf, daß es der richtige Apfel ist; schließlich sieht er von außen genauso aus wie alle anderen Äpfel in der Schale. (T. 59)

## Mexikanische Champignons

Benutzen Sie ein kleines Schnitzmesser mit einer scharfen Spitze, drücken Sie sanft auf die flache Oberseite des Pilzschirms und machen Sie mit der Messerspitze Ihre Einkerbungen. Mit derselben Technik, aber diesmal mit der Schnittkante des Messers, können Sie auch Spiralen, Streifen usw. schneiden.

Die mexikanischen Champignons eignen sich vorzüglich zum Garnieren aller möglichen Speisen, und sie lassen sich leicht zubereiten, nachdem sie als Dekoration gedient haben. Die Pilze sollten in wenig Wasser, Butter und Zitronensaft gedünstet werden. (T. 59)

## Serviettenfalten

Auch kunstvoll gefaltete Servietten gehören zu einem attraktiv gedeckten Tisch. Kennt man sich erst in den ›Grundfalten‹ aus, so lassen sich die phantasievollsten Gebilde zaubern (T. 61). Zunächst einmal besteht eine Serviette aus einem Quadrat (1). Es empfiehlt sich, die Servietten vor Herstellung einer Figur zu bügeln, so daß keine Faltlinien mehr vorhanden sind. Faltet man das Quadrat diagonal und drückt dabei die Falzstelle sorgfältig an, so sind beim Wiederauffalten der Serviette zwei Falten entstanden: Von einer Seite der Serviette bildet die Falte einen Einschnitt wie ein Tal – diesen nennt man ›Talfalte‹; wendet man die Serviette, so bildet die Faltstelle einen Grat, den man mit ›Bergfalte‹ bezeichnet (2). Faltet man die Serviette ein zweites Mal diagonal in entgegengesetzter Richtung, jedoch auf derselben Seite, so entsteht eine neue Tal-, bzw. Bergfalte (3). Eine ›Buchfalte‹ entsteht beim waagerechten Falten. Führt man waagerechte und diagonale Falzungen von beiden Seiten aus, so erhält man auf jeder Seite Berg- und Talfalten (4/5).

Mit diesen Grundkenntnissen sollte es jetzt möglich sein, eine Lotosblüte zu falten (T. 62/63): Man legt die 4 Ecken des Quadrats auf den Mittelpunkt (1–3), es entstehen 4 Talfalten, dann nochmals auf der gleichen Seite alle 4 Ecken bis zum Mittelpunkt, so daß erneut 4 Talfalten entstehen. Dann wendet man die Figur (6) und legt auch von dieser Seite aus alle 4 Ecken zum Mittelpunkt (7/8). Anschließend diese 4 Talfalten wieder entfalten (9) und ebenso die unter 4/5 ausgeführten Falten (jetzt sind es Bergfalten). An den Ecken werden kleine Quadrate sichtbar. Aus den Faltlinien der Quadrate 8 Talfalten machen (10). Dann die Mitte der vier Seiten zum Mittelpunkt zusammenführen, dabei die kleinen Quadrate, die hochstehen, flachdrücken (11/12). Die vier geschlossenen Ecken auf der Rückseite der

62

Figur nach außen klappen (13), hochziehen (14) und die ›Blüte‹ mit den Händen modellieren.

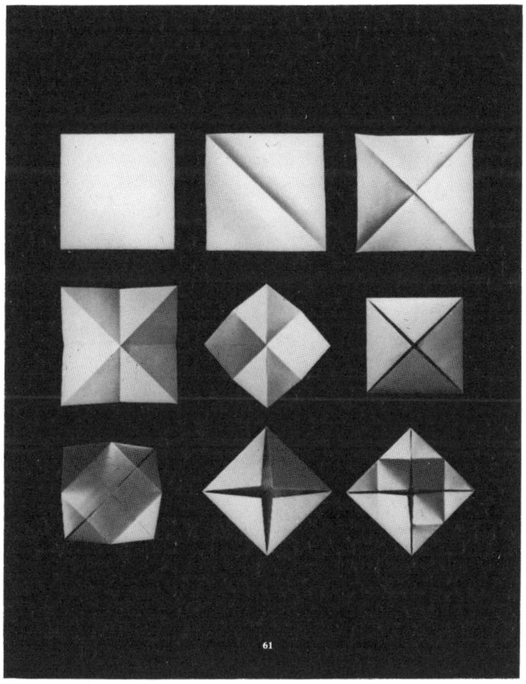

61

63

Von Joost Elffers und Michael Schuyt erschienen in unserem Verlag:

DuMont's Kopfzerbrecher

**TANGRAM**
Das alte chinesische Formenspiel
Hrsg. von Joost Elffers. Zweisprachige Ausgabe holländisch / deutsch mit Textbeiträgen von Jan Diderik van der Waals und Michael Dekking. 240 Seiten mit 1600 Legebeispielen und Auflösungen und 7 Spielsteinen, kartoniert im Schuber

DuMont's Kopfzerbrecher

**TANGRAM**
Das alte chinesische Formenspiel
Hrsg. von Joost Elffers. 300 Seiten mit über 1600 Abbildungen (Aufgaben und Lösungen), 7 Spielsteinen, Text holländisch / deutsch, kartoniert (DuMont Taschenbücher, Band 39)

**Das Hexenspiel**
150 Finger-Fadenspiele
Von Joost Elffers und Michael Schuyt. Dokumentation und Text: Hein Broos, Fotografie und Layout: Mirja de Vries. Titel der Originalausgabe: Cat's Craddle. 208 Seiten mit mehr als 1000 Fotos und einer Schlinge zum Spielen, kartoniert im Schuber

**Das Hexenspiel**
Finger-Fadenspiele neu entdeckt
Von Joost Elffers und Michael Schuyt. Dokumentation Hein Broos. Text von Bab Westerveld. Fotografie und Layout Mirja de Vries. Aus dem Holländischen von Monika The. 216 Seiten mit mehr als 800 Fotos und einer farbigen Schlinge zum Spielen, kartoniert (DuMont Taschenbücher, Band 93)

**Anamorphosen**
Ein Spiel mit der Wahrnehmung, dem Schein und der Wirklichkeit
Von Joost Elffers, Michael Schuyt und Fred Leeman. Aus dem Holländischen von Monika The. 220 Seiten mit 29 farbigen und 137 einfarbigen Abbildungen und Zeichnungen, biegsamer Spiegelfolie, kartoniert (DuMont Taschenbücher, Band 107)

Bitte beachten Sie auch die weiteren Bände in unserer Reihe ›studio dumont‹:

**Adrions Zauberkabinett**
zum Verwundern und Vorführen für jedermann
Von Alexander Adrion. 157 Seiten mit 23 farbigen und zahlreichen einfarbigen Abbildungen und Zeichnungen und mehreren Trick-Beigaben, Leinen mit Schutzumschlag

**Windmühlen**
Energiespender und ästhetische Architektur
Windmühlen in Deutschland, Holland und Belgien
Von Edelgard und Wolfgang Fröde. Mit einem Beitrag von Wolfgang Himmel über die modernen Möglichkeiten der Windenergie-Nutzung. 240 Seiten mit 67 farbigen und 263 einfarbigen Abbildungen, 23 Zeichnungen und 3 Karten, Verzeichnis von Windmühlen in der BRD, West-Berlin, Holland und Belgien, Verzeichnis von Windmühlen-Museen, Bibliographie, kartoniert